Je découvre l'Anglais en images

snowman

[snəumn]

bonhomme de neige

the children made a snowman

les enfants ont fait un bonhomme de neige

fire

[ˈfaɪer]

feu

the firemen extinguish the fire

les pompiers éteignent le feu

baseball

[ˈbeɪsbɔːl]

baseball

Edward loves playing baseball

Edward adore jouer au baseball

dolphin

[ˈdɒlfɪn]

dauphin

the dolphin is very clever

le dauphin est très intelligent

invitation

[ˌinviˈteiʃn]

invitation

they have received invitation cards

ils ont reçu des cartes d'invitation

busy

[ˈbɪzɪ]

occupé

Janet is very busy

Janet est très occupée

Auzou

Impression et reliure en Italie - Dépôt légal : Août 2002

Les sons de l'alphabet

Nous avons regroupé les lettres en fonction de leur son.

[eɪ] A- H - J- K
[ɪː] B- C- D- E- G- P- T- V
[e] F - L - M - N - S - X- Z
[aɪ] I- Y
[au] O
[ju] Q - U - W
[ɑː] R

Les différents sons de la langue anglaise et leurs différentes orthographes.

1. Voyelles brèves

[æ] cat, ant
[e] head
[ɔ] boy
[u] book, wolf
[i] busy, women,
[ʌ] bus-stop, button, one
[ə] book, doctor

2. Voyelles longues

[ɑː] car, heart, aunt
[ɪː] beach, cheese, bee
[ɜː] bird, birthday
[ɔː] door, accordion, actor
[uː] moon, shoe

3. Les diphtongues (son composé de deux voyelles).

[ɪə] appear, beer, here, idea
[ɑɪ] I, eye, pie, Ivanhoe
[ɔɪ] toy, choice
[ei] eight, cake, rain, play
[au] house, how, about
[ua] poor, tour
[əu] no, grow, though, clothes, Holmes

4. Les consonnes différentes du français.

[h] house
[dz] job, George
[tʃ] chair
[ð] that
[θ] thing
[ŋ] song

5. Semi-consonnes.

[j] yes, due, new
[w] wall, queen, Winston, Twist

Réalisation :
Éditions M & L
33, rue Émile Zola, 92150 Suresnes

Direction de l'édition :
Bertrand-Pierre Échaudemaison pour Éditions M & L
Philippe Auzou pour Éditions Auzou

Enseignant, auteur de l'ouvrage : Isabelle Bellaiche

Maquette : Isabelle Mayer - Christian Marques

Relecture : Kellie Rigal

above

[əˈbʌv]

au-dessus

John is above the hurdle

John est au-dessus de la haie

an accident

[ˈæksɪdənt]

un accident

Paul is in a car accident

Paul a un accident de voiture

an accordion

[əˈkɔːdjən]

un accordéon

Tom can play the accordion

Tom joue de l'acordéon

an acrobat

[ˈækrəbæt]

un acrobate

an acrobat can walk on his hands

un acrobate sait marcher sur les mains

an actor

[ˈæktər]

un acteur

the actor plays in a western

l'acteur joue dans un western

an afternoon

[ˈɑːftərˈnuːn]

un après-midi

Sandy reads every afternoon

Sandy lit chaque après-midi

1- What happened to Paul ?
Qu'arrive-t-il à Paul ?

2- Who plays in a western ?
Qui joue dans un western ?

3- Who can walk on his hands ?
Qui sait marcher sur les mains ?

4- What can Tom play ?
De quoi joue Tom ?

5- When does Sandy read ?
Quand Sandy lit-elle ?

6- Where is John ?
Où John est-il ?

a b c d e f g h i j k l m n o p q r s t u v w x y z

an airport

[ˈɛəˈpɔːt]

un aéroport

planes take off at the airport

les avions décollent de l'aéroport

an alarm clock

[əˈlɑːm klɒk]

un réveil

the alarm clock rings at 7 AM

le réveil sonne à 7 heures

amazing

[əˈmeɪzɪŋ]

extraordinaire

the magician does amazing tricks

le magicien fait des tours extraordinaires

an angel

[ˈeɪndʒəl]

un ange

Jenny wants to meet angels

Jenny veut rencontrer des anges

angry

[ˈæŋgrɪ]

en colère

the two brothers are angry

les deux frères sont en colère

1- How are the magician's tricks ?
Comment sont les tours du magicien ?

2- From where do planes take off ?
D'où décollent les avions ?

3- How do the two brothers feel ?
Comment se sentent les deux frères ?

4- What rings at 7 AM ?
Qui sonne à 7 heures ?

5- Who does Jenny want to meet ?
Qui Jenny veut-elle rencontrer ?

from animal *to* apricot

an animal

['ænɪml]

un animal

Linda can see many animals in her book

Linda voit beaucoup d'animaux dans son livre

an ankle

['æŋkl]

une cheville

the ankle links the foot to the leg

la cheville relie le pied à la jambe

an ant

[ænt]

une fourmi

the ants eat greenflies

les fourmis mangent des pucerons

an apple

['æpl]

une pomme

Sarah can make apple pies

Sarah sait faire des tartes aux pommes

an apricot

['əɪprɪkɒt]

un abricot

John enjoys apricot jam

John adore la confiture d'abricot

1- Who eats greenflies ?
Qu'est-ce qui mange des pucerons ?

2- What kind of jam does John enjoy ?
Quelle sorte de confiture John adore-t-il ?

3- What can Linda see in her book ?
Que voit Linda dans son livre ?

4- What links the foot to the leg ?
Qu'est-ce qui relie le pied à la jambe ?

5- What sort of pie can Sarah make ?
Quelle sorte de tarte Sarah sait-elle faire ?

wild animals

1- Name two animals from cold regions.
Cite deux animaux des régions froides.

2- Which animals live in Latin America ?
Quels animaux vivent en Amérique Latine ?

3- Name six animals from Africa.
Cite six animaux d'Afrique.

4- Which animals live in Russia ?
Quels animaux vivent en Russie ?

5- Which animals live in Australia ?
Quels animaux vivent en Australie ?

6- Name three animals from Europe.
Cite trois animaux d'Europe.

wild animals

1- Which animals live in the sea ?
Quels animaux vivent dans la mer ?

2- Who lives only in China ?
Qu'est-ce qu'on ne trouve qu'en Chine ?

3- Which dangerous animal lives in India ?
Quel animal dangereux vit en Inde ?

4- Name two wild animals.
Cite deux fauves.

5- Who looks like a horse ?
Qu'est-ce qui ressemble au cheval ?

6- Which animal has got two humps ?
Quel animal a deux bosses ?

1- Which animal has got bigs ears ?
Quel animal a de grandes oreilles ?

2- Which animal waddles ?
Quel animal se dandine?

3- Which animal has a red head ?
Quel animal a une tête toute rouge ?

4- Which animal can pull a cart ?
Quel animal peut tirer une charette ?

5- Which animal has got horns ?
Quel animal a des cornes ?

6- Which animal gives us his wool ?
Quel animal nous donne sa laine ?

1- What is the sheep's baby called ?
Comment s'appelle le petit du mouton ?

2- Which animal wakes up the farm every morning ?
Quel animal réveille la ferme tous les matin ?

3- Which animal makes milk ?
Quel animal fait du lait ?

4- What is the chick's mum called ?
Comment s'appelle la maman du poussin ?

5- What is the cow's baby called ?
Comment s'appelle le petit de la vache ?

6- Which animal is fond of playing in mud ?
Quel animal aime jouer dans la boue ?

1- Who is standing outside his kennel ?
Quel animal se tient devant sa niche ?

2- Who jumps out of water ?
Qu'est-ce qui saute hors de l'eau ?

3- Who eats some cheese ?
Qu'est-ce qui mange du fromage ?

4- Who is sitting on a leaf ?
Quel animal est assis sur une feuille ?

5- Who eats carrots ?
Qu'est-ce qui mange des carrottes ?

6- Who wears a shell ?
Quel animal porte une carapace ?

April

['eɪprəl]

avril

Jill walks in the meadow in April

Jill marche dans les prés en avril

an aquarium

[ə'kweərɪəm]

un aquarium

there are fish in the aquarium

il y a des poissons dans l'aquarium

an arm

[ɑːm]

un bras

Mum often takes the baby in her arms

Maman prend souvent Bébé dans ses bras

an armchair

[ɑːmtʃɛər]

un fauteuil

Peter often falls asleep in the armchair

Peter s'endort souvent dans le fauteuil

an artichoke

['ɑːtitʃəuk]

un artichaut

Janet is fond of artichokes

Janet adore les artichauts

an artist

['ɑːtist]

un artiste

Bill is a real artist

Bill est un vrai artiste

a b c d e f g h i j k l m n o p q r s t u v w x y z

1- Where are the fish ?
Où sont les poissons ?

2- Where does Peter often fall asleep ?
Où Peter s'endort-il souvent ?

3- Who is Bill ?
Qui est Bill ?

4- When does Jill walk in the meadow ?
Quand Jill marche-t-elle dans les prés ?

5- How does Mum often take the baby ?
Comment Maman prend-elle souvent bébé ?

6- What is Janet fond of ?
Qu'est-ce que Janet adore ?

a b c d e f g h i j k l m n o p q r s t u v w x y z

an attic

[ˈætɪk]

un grenier

the old toys are in the attic

les vieux jouets sont au grenier

August

[ˈɔːgəst]

août

Sarah goes on holidays in August

Sarah part en vacances en août

an aunt

[ɑːnt]

une tante

Jill is with her aunt

Jill est avec sa tante

autumn

[ˈɔːtəm]

automne

leaves fall in autumn

les feuilles tombent en automne

an avocado

[ˌævəˈkɑːdəʊ]

un avocat

the avocado is a fruit

l'avocat est un fruit

awful

[ˈɔːfʊl]

affreux

Peter often makes an awful face

Pierre fait souvent une affreuse grimace

1- When does Sarah go on holidays ?
Quand Sarah part-elle en vacances ?

2- When do leaves fall ?
Quand est-ce que les feuilles tombent ?

3- How is Peter's face ?
Comment est la grimace de Pierre ?

4- Where are the old toys ?
Où sont les vieux jouets ?

5- Who is Jill with ?
Qui est avec Jill ?

6- What is a fruit ?
Qu'est-ce qui est un fruit ?

a baby

[ˈbeɪbi]

un bébé

the baby has a xylophone

le bébé a un xylophone

bacon

[ˈbeɪkən]

lard

Paul likes bacon with eggs

Paul aime les œufs au lard

bad

[bæd]

vilain

Eric is a bad boy

Éric est un vilain garçon

a bag

[bæg]

un sac

Lisa has got a comb in her bag

Lisa a un peigne dans son sac

a baker

[beikər]

un boulanger

Jill goes to the baker's every day

Jill va chez le boulanger tous les jours

balance

[ˈbæləns]

équilibre

Bob lost his balance

Bob a perdu l'équilibre

1- What does Paul like with eggs ?
Qu'aime Paul avec ses œufs?

2- Where has Lisa got a comb ?
Où est le peigne de Lisa ?

3- What did Bob lose ?
Qu'a perdu Bob ?

4- Who has a xylophone ?
Qui a un xylophone ?

5- Who is Eric ?
Qui est Éric ?

6- Where does Jill go every day ?
Où va Jill tous les jours ?

a ball

[bɔːl]

un ballon

friends often play with a ball

les amis jouent souvent au ballon

a banana

[bəˈnɑːnə]

une banane

Tim loves bananas

Tim aime les bananes

a bank

[bæŋk]

une banque

Grandmother is at the bank

Grand-Mère est à la banque

a barrel

[ˈbærəl]

un tonneau

the wine grower puts wine in barrels

le vigneron met le vin en tonneau

a barrister

[ˈbæristə]

un avocat

Max wants to become a barrister

Max veut devenir avocat

baseball

[ˈbeɪsbɔːl]

base-ball

Edward loves playing baseball

Edward adore jouer au base-ball

1- What does Tim love ?
Qu'aime Tim ?

2- Where does the wine grower put the wine ?
Où le vigneron met-il le vin ?

3- What does Edward love playing ?
À quoi Edward aime-t-il jouer ?

4- What do friends often play with ?
A quoi les amis jouent-ils souvent ?

5- Where is Grandmother ?
Où est Grand-Mère ?

6- What does Max want to become ?
Que veut devenir Max ?

a basket

[ˈbɑːskɪt]

un panier

Jill's basket is full of food

le panier de Jill est plein de nourriture

a bathroom

[bɑːθrum]

une salle de bain

Tim spends his time in the bathroom

Tim passe son temps dans la salle de bain

a battle

[ˈbætl]

une bataille

John loves snowball battles

John aime les batailles de boules de neige

a beach

[biːtʃ]

une plage

Alice goes to the beach in summer

Alice va à la plage en été

a bear

[beər]

un ours

bears like honey

les ours aiment le miel

a bed

[bed]

un lit

Jeff is on his bed

Jeff est sur son lit

1- Where does Tim spend his time ?
Où Tim passe-t-il son temps ?

2- Where does Alice go in summer ?
Où va Alice en été ?

3- Where is Jeff ?
Où est Jeff ?

4- What is full of food ?
Qu'est-ce qui est plein de nourriture ?

5- What does John love ?
Qu'est-ce qu'aime John ?

6- Who likes honey ?
Qu'est-ce qui aime le miel ?

a b c d e f g h i j k l m n o p q r s t u v w x y z

a bee

[biː]
une abeille

bees make honey
les abeilles font le miel

behind

[bɪˈhaɪnd]
derrière

Tom is behind a horse
Tom est derrière un cheval

a bell

[bel]
une sonnerie

Alan can hear the bell of the phone
Alan entend la sonnerie du téléphone

below

[bɪˈləʊ]
au-dessous

water freezes below 0°C
l'eau gèle au-dessous de 0°C

a belt

[belt]
une ceinture

Bill has got a beautiful belt
Bill a une jolie ceinture

a bench

[bentʃ]
un banc

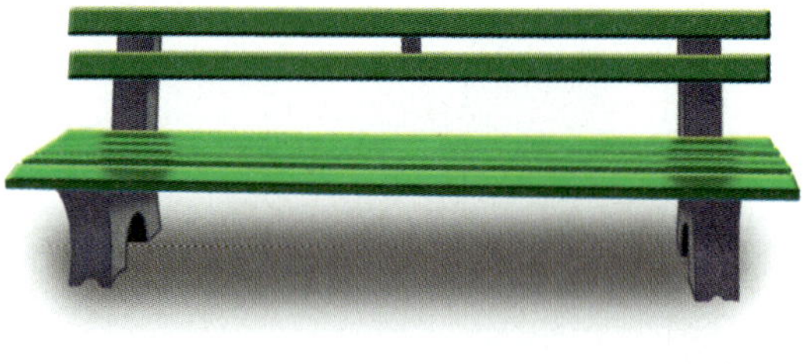

there is a bench in the garden
il y a un banc dans le jardin

1- Where is Tom ?
Où est Tom ?

2- When does water freeze ?
Quand l'eau gèle-t-elle ?

3- What is there in the garden ?
Qu'y-a-t-il dans le jardin ?

4- Who makes honey ?
Qui fait le miel ?

5- What can Alan hear ?
Qu'est-ce qu'Alan entend ?

6- What has Bill got ?
Qu'est-ce qu'a Bill ?

between

[bɪ'twiːn]

entre

Alex is between Lucy and Greg

Alex est entre Lucy et Greg

a bike

[baik]

un vélo

every Monday Jane rides her bike

chaque lundi Jane fait du vélo

a bin

[bɪn]

une poubelle

bins always stink

les poubelles sentent toujours mauvais

binoculars

[bɪ'nɒkjʊlər]

jumelles

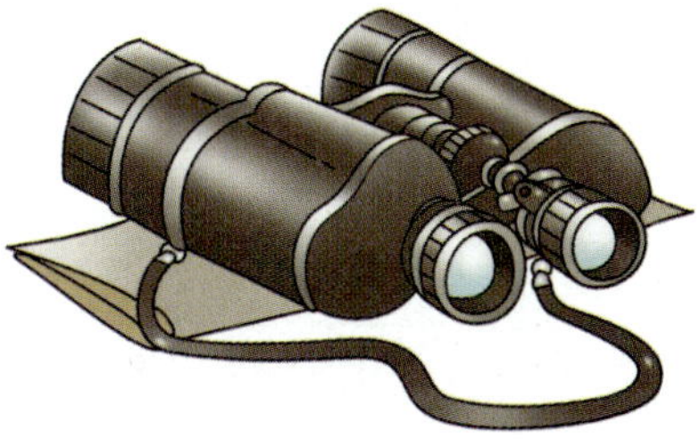

we can see far away with binoculars

nous voyons loin avec des jumelles

a bird

[bɜːd]

un oiseau

Julie often sings with the birds

Julie chante souvent avec les oiseaux

1- What does Jane do every Monday ?
Que fait Jane chaque lundi ?

2- How can we see far away ?
Avec quoi voyons nous-loin ?

3- Who does Julie often sing with ?
Avec qui chante souvent Julie ?

4- Where is Alex ?
Où est Alex ?

5- What always stinks ?
Qu'est-ce qui sent toujours mauvais ?

1- Which bird can speak ?
Quel oiseau peut savoir parler ?

2- Which bird flies and is a robber ?
Qu'est-ce qui vole et qui est voleuse ?

3- Which bird is pink ?
Qu'est-ce qui est rose ?

4- Which bird is the symbol of the USA ?
Quel oiseau est le symbole des USA ?

5- Name three birds who live on the seaside.
Cite 3 oiseaux qui vivent au bord de la mer.

6- Which bird puts his head in the sand ?
Qu'est-ce qui plante sa tête dans le sable ?

a biro

[ˈbaɪərəʊ]

un stylo à bille

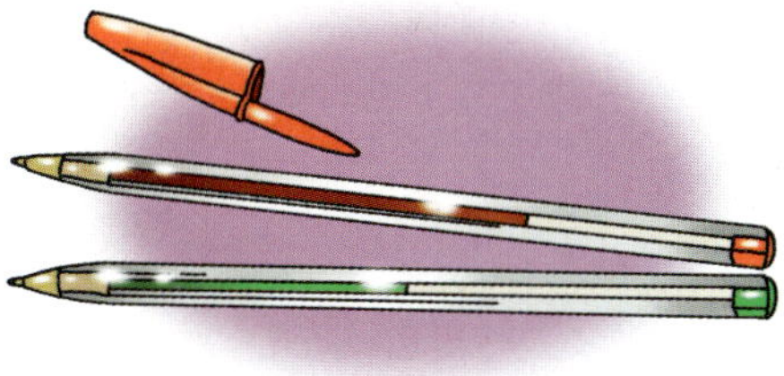

Marc has got a new biro

Marc a un nouveau stylo à bille

a birthday

[ˈbɜːθdeɪ]

un anniversaire

it is Bill's birthday today

c'est l'anniversaire de Bill aujourd'hui

a biscuit

[ˈbɪskɪt]

un biscuit

Brenda likes biscuits

Brenda aime les biscuits

black

[blæk]

noir

John is painting a gorilla in black

John peint en noir un gorille

a blackboard

[ˈblækbɔːd]

un tableau

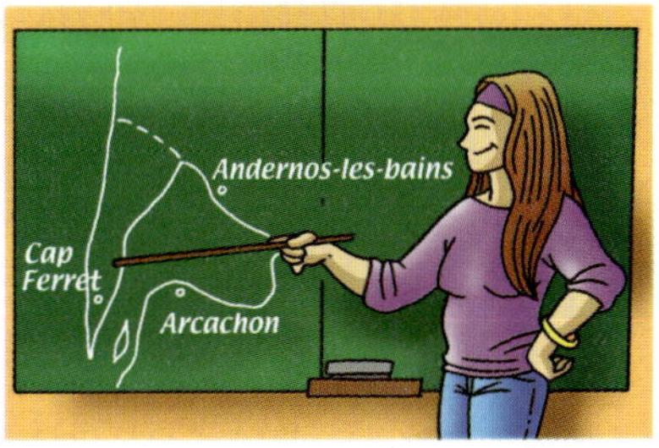

Sheila often goes to the blackboard

Sheila va souvent au tableau

a blanket

[ˈblæŋkɪt]

une couverture

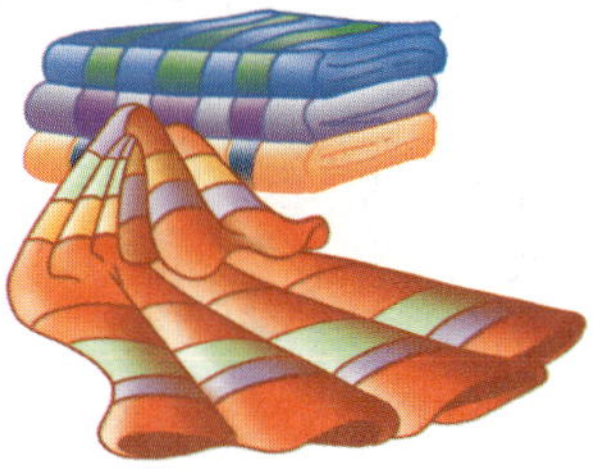

blankets keep you warm at night

les couvertures tiennent chaud la nuit

1- What day is today for Bill ?
Quel jour est-ce pour Bill aujourd'hui ?

2- What colour is the gorilla ?
De quelle couleur est le gorille ?

3- What keeps you warm at night ?
Qu'est-ce qui tient chaud la nuit ?

4- What has Marc got ?
Qu'est-ce que Marc a ?

5- What does Brenda like ?
Qu'est-ce que Brenda aime ?

6- Where does Sheila often go ?
Où va souvent Sheila ?

a b c d e f g h i j k l m n o p q r s t u v w x y z

a blazer
[ˈbleɪzər]
un blazer

Joe often wears a blazer on Sundays
Joe porte souvent un blazer le dimanche

a blouse
[blaʊz]
un chemisier

Jill has got a green blouse
Jill a un chemisier vert

blue
[bluː]
bleu

John likes painting in blue
John adore peindre en bleu

a boat
[bəʊt]
un bateau

the fisherman is in his boat
le pêcheur est dans son bateau

a bone
[bəʊn]
un os

the dogs are playing with a bone
les chiens jouent avec un os

a book
[bʊk]
livre

Eva reads stories in books
Eva lit des histoires dans des livres

1- What has Jill got ?
Qu'a Jill ?

2- Where is the fisherman ?
Où est le pêcheur ?

3- What does Eva read ?
Que lit Eva ?

4- What does Joe often wear on Sundays ?
Que porte Joe souvent le dimanche ?

5- What colour does John like painting ?
De quelle couleur adore peindre John?

6- What are the dogs playing with ?
Avec quoi jouent les chiens ?

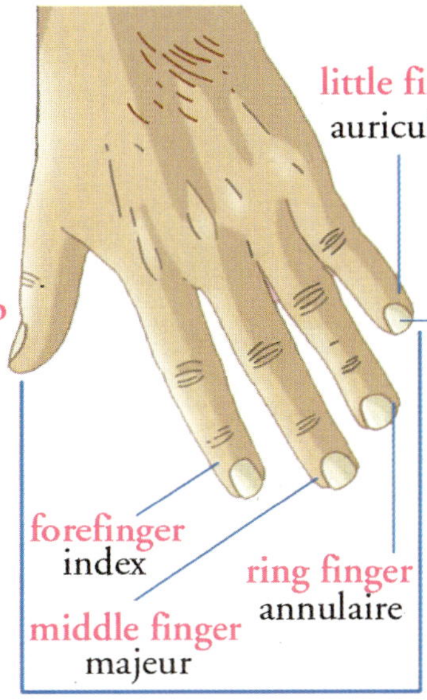

hand - main

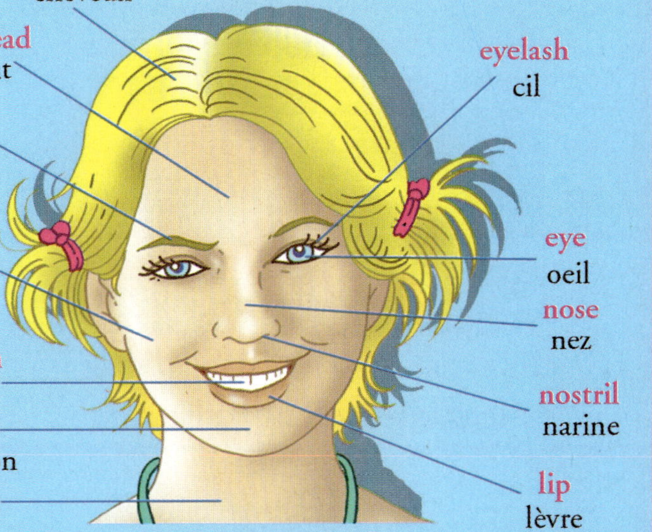

face - visage

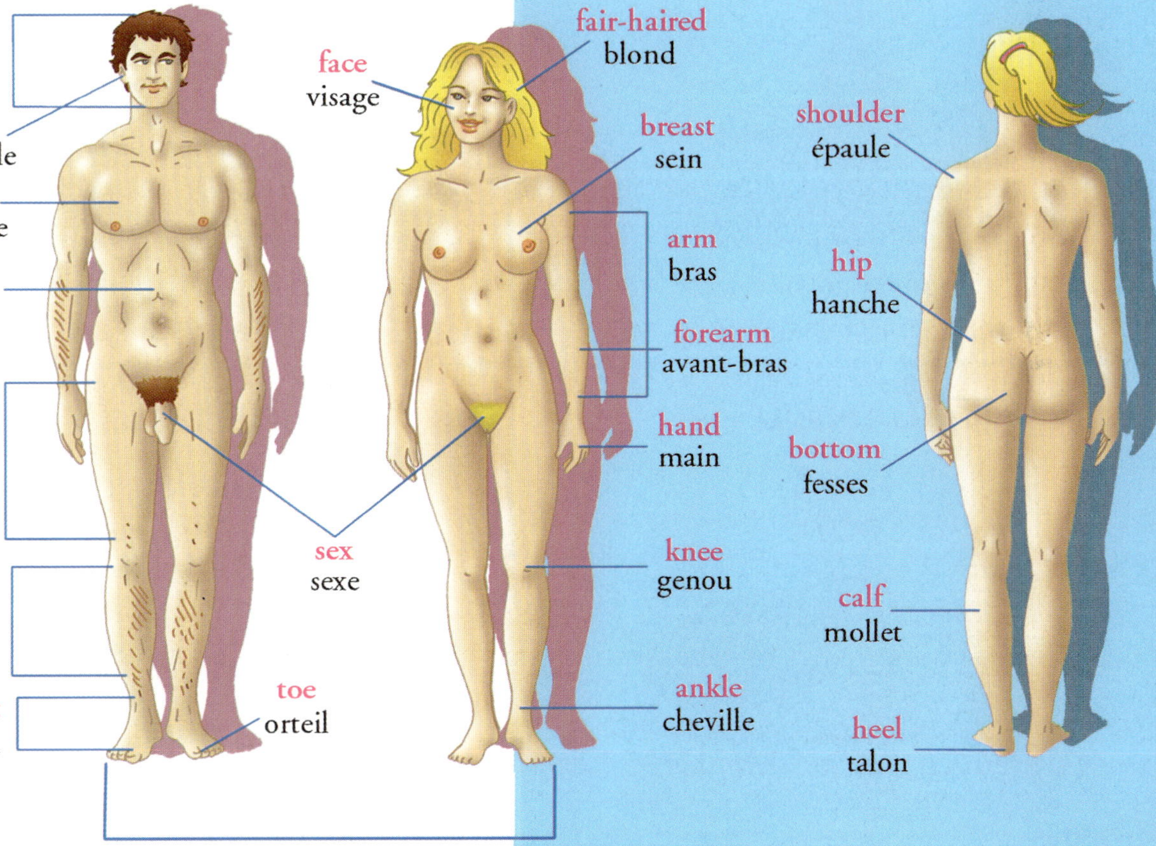

body - corps

1- What can you see with ?
Avec quoi peut-on voir ?

2- What links the foot to the thigh ?
Qu'est-ce qui relie le pied à la cuisse ?

3- What have you got at the end of your fingers ?
Qu'a-t-on au bout des doigts ?

4- What can you hold things with ?
Avec quoi tient-on les choses ?

5- What grows on your head ?
Qu'est-ce qui pousse sur la tête ?

6- With what can you hear ?
Qu'est-ce qui permet d'entendre ?

a b c d e f g h i j k l m n o p q r s t u v w x y z

a bottle

[ˈbɒtl]
une bouteille

the message is in the bottle
le message est dans la bouteille

a box

[bɒks]
une boîte

Peter tidies his papers in a box
Peter range ses papiers dans une boîte

a boy

[bɔɪ]
un garçon

Jeremy is a boy
Jérémy est un garçon

a branch

[brɑːntʃ]
une branche

a tree has got many branches
l'arbre possède de nombreuses branches

bread

[bred]
pain

Jill eats some bread at breakfast
Jill mange du pain au petit-déjeuner

breakfast

[ˈbrekfəst]
un petit-déjeuner

children like having breakfast
les enfants aiment prendre le petit-déjeuner

1- Where does Peter tidy his papers?
Où Peter range-t-il ses papiers ?

2- What do children like having ?
Qu'est-ce qu'aiment prendre les enfants ?

3- What does a tree have ?
Qu'est-ce que possède l'arbre ?

4- Where is the message ?
Où est le message ?

5- Who is Jeremy ?
Qui est Jérémy ?

6- What does Jill eat at breakfast ?
Qu'est-ce que Jill mange au petit-déjeuner ?

a brick
[brɪk]
une brique

the house is made of bricks
la maison est faite en briques

a bridge
[brɪdʒ]
un pont

the walkers have to cross the bridge
les marcheurs doivent traverser le pont

a broom
[bruːm]
un balai

the witch has got a magic broom
la sorcière a un balai magique

brown
[braʊn]
marron

John is painting the buffalo in brown
John peint le bison en marron

a bulb
[bʌlb]
une ampoule

the bulb must be changed once a year
l'ampoule doit être changée une fois par an

a bull
[bʊl]
un taureau

the bull is in the meadow
le taureau est dans la prairie

1- What do the walkers have to cross ?
Qu'est-ce que les promeneurs doivent traverser ?

2- What colour is the buffalo painted by John ?
De quelle couleur est le bison peint par John ?

3- Who is in the meadow ?
Qu'est-ce qui est dans la prairie ?

4- What is the house made of ?
De quoi est faite la maison ?

5- What magic thing has the witch got ?
Quelle chose magique a la sorcière ?

6- What must be changed once a year ?
Qu'est-ce qui doit être changé une fois par an ?

a b c d e f g h i j k l m n o p q r s t u v w x y z

a b c d e f g h i j k l m n o p q r s t u v w x y z

a bunch of flowers

[bʌnt ɔv ′flauəz]

un bouquet de fleurs

this bunch of flowers is beautiful

ce bouquet de fleurs est superbe

a bus-stop

[bʌv stɒp]

un arrêt de bus

the children must wait at the bus-stop

les enfants doivent attendre à l'arrêt de bus

busy

[ˈbɪzɪ]

occupé

Janet is very busy

Janet est très occupée

a butcher

[ˈbʊtʃər]

un boucher

a butcher sells meat

le boucher vend de la viande

a butterfly

[ˈbʌtəflaɪ]

un papillon

cats like hunting butterflies

les chats aiment chasser les papillons

a button

[ˈbʌtn]

un bouton

the dressmaker sews on buttons

la couturière coud des boutons

1- Where must the children wait ?
Où les enfants doivent-ils attendre ?

2- Who sells meat ?
Qui vend de la viande ?

3- What does the dressmaker sew ?
Qu'est-ce que la couturière coud ?

4- What is beautiful ?
Qu'est-ce qui est superbe ?

5- How is Janet ?
Comment est Janet ?

6- What do cats like hunting ?
Qu'est-ce que les chats aiment chasser ?

a cake

[keɪk]

un gâteau

Granny makes cakes every day

Mamie fait des gâteaux tous les jours

a calculator

[ˈkælkjʊleitər]

une calculatrice

Max always has got a calculator

Max a toujours une calculatrice

a camel

[ˈkæml]

un chameau

a camel lives in the desert

le chameau vit dans le désert

a camera

[ˈkæmərə]

un appareil photo

Jane has got a camera

Jane a un appareil photo

a candle

[ˈkændl]

une bougie

there are two candles on the cake

il y a deux bougies sur le gâteau

a candy

[ˈkændɪ]

une sucrerie

Vicky likes candies

Vicky aime les sucreries

1- **What has Max always got ?**
Qu'est-ce que Max a toujours ?

2- **What has Jane got ?**
Qu'est-ce que Jane utilise ?

3- **What does Vicky like ?**
Qu'est-ce que Vicky aime ?

4- **What does Granny make every day ?**
Que fait Mamie tous les jours ?

5- **Who lives in the desert ?**
Qu'est-ce qui vit dans le désert ?

6- **What can you see on the cake?**
Que vois-tu sur le gâteau ?

a cap

[kæp]

une casquette

Steven has got a cap on his head

Steven a une casquette sur la tête

a car

[kaːr]

une voiture

Brian drives a nice car

Brian conduit une belle voiture

a caravan

[ˈkærəvæn]

une caravane

Lea goes on holidays with a caravan

Léa va en vacances en caravane

cards

[kaːd]

cartes

Jeff often plays cards

Jeff joue souvent aux cartes

a carpenter

[ˈkaːpəntər]

un charpentier

the carpenter uses a lot of tools

le charpentier utilise de nombreux outils

a carpet

[ˈkaːpɪt]

un tapis

Tom always plays on a carpet

Tom joue toujours sur un tapis

1- What does Brian drive ?
Qu'est-ce que Brian conduit ?

2- What game does Jeff often play ?
À quel jeu joue souvent Jeff ?

3- Where does Tom always play ?
Où Tom joue-t-il toujours ?

4- What has Steven got on his head ?
Qu'est-ce que Steven a sur la tête ?

5- How does Lea go on holidays ?
Comment Léa va-t-elle en vacances ?

6- Who uses a lot of tools ?
Qui utilise de nombreux outils ?

a carrot

['kærət]

une carotte

the rabbit is eating a carrot

le lapin mange une carotte

a castle

['kɑːsl]

un château

the king lives in a castle

le roi habite dans un château

a cat

[kæt]

un chat

the cat is a pet

le chat est un animal domestique

a caterpillar

['kætəpɪlər]

une chenille

the caterpillar is on a leaf

la chenille est sur une feuille

a cello

['tʃeləʊ]

un violoncelle

Nicolas can play the cello

Nicolas sait jouer du violoncelle

cereal

['sɪərɪəl]

une céréale

Lea is having a bowl of cereal

Léa prend un bol de céréales

1- Where does the king live ?
Où le roi habite-t-il ?

2- What is on a leaf ?
Qu'est-ce qui est sur une feuille ?

3- What is Lea having ?
Que prend Léa ?

4- What is the rabbit eating ?
Que mange le lapin ?

5- Who is a pet ?
Qu'est-ce qui est un animal domestique ?

6- What can Nicolas play ?
De quoi Nicolas sait-il jouer ?

a b c d e f g h i j k l m n o p q r s t u v w x y z

a chair

[tʃeər]

une chaise

this chair is made of wood

cette chaise est en bois

chalk

[tʃɔːk]

une craie

Lisa writes with a piece of chalk

Lisa écrit avec un morceau de craie

cheeks

[tʃiːk]

joues

Sharon has got rosy cheeks

Sharon a les joues roses

cheese

[tʃiːz]

un fromage

Bob always eats some cheese

Bob mange toujours du fromage

a chemist

[ˈkemɪst]

un pharmacien

the chemist sells medicine

le pharmacien vend des médicaments

a chest of drawers

[tfest]

une commode

the chest of drawers is near the bed

la commode est près du lit

1- What does Lisa write with ?
Avec quoi Lisa écrit-elle ?

2- What does Bob always eat ?
Que mange toujours Bob ?

3- What is near the bed ?
Qu'est-ce qui est près du lit ?

4- What is made of wood ?
Qu'est-ce qui est fait en bois ?

5- What has Sharon got ?
Qu'est-ce que Sharon a ?

6- Who sells medicine ?
Qui vend des médicaments ?

a chicken

[ˈtʃɪkɪn]

un poulet

the chickens are in the farmyard

les poulets sont dans la basse-cour

a child

[tʃaɪld]

un enfant

a child goes to school

un enfant va à l'école

a chin

[ˈtʃɪn]

un menton

Tom has got ice cream on his chin

Tom a de la glace sur le menton

chocolate

[ˈtʃɒkələt]

chocolat

Joe is crazy about chocolate

Joe est fou de chocolat

Christmas

[ˈkrɪsməs]

Noël

the family is celebrating Christmas

la famille fête Noël

a circle

[ˈsɜːkl]

un cercle

this is a circle

ceci est un cercle

1- Who goes to school ?
Qui va à l'école ?

2- What is Joe crazy about ?
De quoi Joe est-il fou ?

3- What is the old man showing ?
Que montre le vieil homme ?

4- Who is in the farmyard ?
Qu'est-ce qui est dans la basse-cour ?

5- Where has Tom got ice cream ?
Où Tom a-t-il de la glace ?

6- What is the family celebrating ?
Que fête la famille ?

a b c d e f g h i j k l m n o p q r s t u v w x y z

a b c d e f g h i j k l m n o p q r s t u v w x y z

a circus
[ˈsɜːkəs]
un cirque

clowns work at the circus
les clowns travaillent au cirque

clean
[kliːn]
propre

John's car is clean
la voiture de John est propre

climbing
[klaiming]
une escalade

Bob likes climbing
Bob aime l'escalade

a clip
[klɪp]
une barette

Alice holds back her hair with clips
Alice attache ses cheveux avec des barettes

a clock
[klɒk]
une horloge

Grandfather has got a clock
Grand-Père possède une horloge

a cloud
[klaʊd]
un nuage

Susy is always in the clouds
Susy est toujours dans les nuages

1- How is John's car?
Comment est la voiture de John ?

2- How does Alice hold back her hair ?
Comment Alice attache-t-elle ses cheveux ?

3- Where is Susy ?
Où est toujours Susy ?

4- Where do clowns work ?
Où travaillent les clowns ?

5- What does Bob like doing ?
Qu'est-ce que Bob aime faire ?

6- What has Grandfather got ?
Qu'est-ce que possède Grand-Père ?

clothes

pullover pull-over | **anorak** anorak | **shirt** chemise | **tie** cravate | **jacket** blouson

coat manteau | **raincoat** imperméable | **short** short | **underwear** sous-vêtement | **teeshirt** tees-hirt

shoes chaussures

dress robe | **skirt** jupe | **tracksuit** survêtement | **trousers** pantalon | **boots** bottes | **socks** chaussettes

hat chapeau | **cap** casquette | **scarf** écharpe | **glasses** lunettes | **sunglasses** lunettes de soleil | **gloves** gants

1- **What protects your eyes from the sun ?**
Qu'est-ce qui protège les yeux du soleil ?

2- **What protects your hands from the cold?**
Qu'est-ce qui protège les mains du froid ?

3- **What do you wear on your head ?**
Qu'est-ce qu'on porte sur la tête ?

4- **What do you wear to see better ?**
Que porte-t-on pour mieux voir ?

5- **What do you wear to do sports ?**
Que met-on pour faire du sport ?

6- **Name a garment which protects from the rain.**
Cite un vêtement qui protège de la pluie.

a coat

[kəʊt]

un manteau

Lucy has got a coat for winter

Lucie a un manteau pour l'hiver

a coffee

[ˈkɒfɪ]

un café

he drinks a cup of coffee twice a day

il boit une tasse de café deux fois par jour

cold

[kəʊld]

froid

it is cold in winter

il fait froid en hiver

a comb

[kəʊm]

un peigne

Jane does her hair with a comb

Jane se coiffe avec un peigne

comfortable

[ˈkʌmftəbl]

confortable

Stacy's bed is comfortable

le lit de Stacy est confortable

a compass

[ˈkʌmpəs]

une boussole

Allan can use a compass

Allan sait utiliser une boussole

1- **What does he drink twice a day ?**
Que boit-il deux fois par jour ?

2- **What does Jane comb her hair with ?**
Avec quoi Jane se coiffe-t-elle ?

3- **What can Allan use ?**
Que sait utiliser Allan ?

4- **What has Lucy got for winter ?**
Qu'est-ce que Lucie a pour l'hiver ?

5- **What is the weather like in winter ?**
Quel temps fait-il en hiver ?

6- **How is Stacy's bed ?**
Comment est le lit de Stacy ?

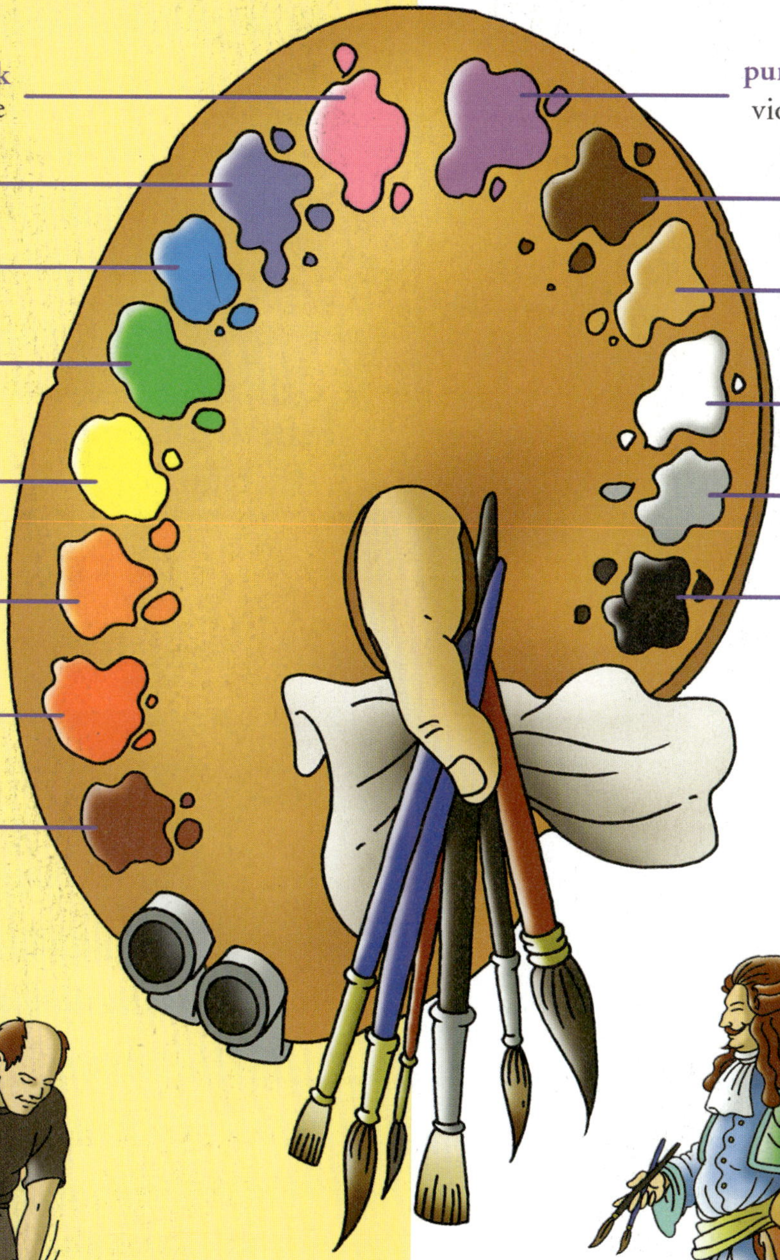

Jackson Pollock, 1912-1956

light
clair

dark
foncé

Thomas Gainsborough, 1727-1788

1- What colour is snow ?
Quelle est la couleur de la neige ?

2- What colour is a lemon ?
Quelle est la couleur du citron ?

3- What colour is blood ?
De quelle couleur est le sang ?

4- What colour is ink ?
Quelle est la couleur de l'encre ?

5- What colour is the sky ?
Quelle est la couleur du ciel ?

6- What colour is grass ?
Quelle est la couleur de l'herbe ?

a computer

[kəmˈpjuːtər]

un ordinateur

Max has got a new computer

Max a un nouvel ordinateur

a concert

[ˈkɒnsət]

un concert

there is a concert in the street

il y a un concert dans la rue

a conductor

[kənˈdʌktər]

un chef d'orchestre

Bob watches the conductor's gestures

Bob observe les gestes du chef d'orchestre

a cow

[kaʊ]

une vache

the cows are in the meadow

les vaches sont dans le pré

a cradle

[ˈkreɪdl]

un berceau

Mum puts her baby in the cradle

Maman met son bébé dans le berceau

crazy

[ˈkreɪzɪ]

fou

Victor is going crazy

Victor devient fou

1- What is there in the street ?
Qu'y-a-t-il dans la rue ?

2- Who is in the meadow ?
Qui est dans le pré ?

3- What is Victor doing ?
Que fait Victor ?

4- What has Max got ?
Qu'est-ce que Max a ?

5- What does Bob watch ?
Qu'est-ce que Bob observe ?

6- Where does Mum put her baby ?
Où Maman met-elle son bébé ?

a crocodile
[ˈkrɒkədaɪl]
un crocodile

John is afraid of crocodiles
John a peur des crocodiles

a crown
[kraʊn]
une couronne

Alice wants to wear a crown
Alice veut porter une couronne

a cup
[kʌp]
une tasse

they often drink a cup of tea
ils boivent souvent une tasse de thé

a cupboard
[ˈkʌbəd]
un placard

Lucy often tidies the cupboard
Lucy range souvent le placard

a cushion
[ˈkʊʃn]
un coussin

Vicky puts cushions on her bed
Vicky met des coussins sur son lit

cut
[kʌt]
couper

Bob cuts trees in autumn
Bob coupe des arbres en automne

1- What does Alice want to wear ?
Qu'est-ce qu'Alice veut porter ?

2- What does Lucy often tidy?
Que range souvent Lucy ?

3- What does Bob do in autumn ?
Que fait Bob en automne ?

4- What is John afraid of ?
De qui a peur John ?

5- What do they often drink ?
Que boivent-ils souvent ?

6- What does Vicky put on her bed ?
Qu'est-ce que Vicky met sur son lit ?

a daffodil

[ˈdæfədɪl]

une jonquille

Mary likes daffodils

Marie aime les jonquilles

a daisy

[ˈdeɪzɪ]

une marguerite

the daisy is a white flower

une marguerite est une fleur blanche

a dancer

[dɑːnsər]

un danseur

James is a very good dancer

James est un très bon danseur

dangerous

[ˈdeinʒərəs]

dangereux

fire can be dangerous

le feu peut être dangereux

dark

[dɑːk]

noir

Jenny is afraid of the dark

Jenny a peur dans le noir

a date

[deɪt]

une datte

dates are sweet fruits

les dattes sont des fruits sucrés

1- What flower is white ?
Qu'est-ce qui est une fleur blanche ?

2- How can fire be ?
Comment peut être le feu ?

3- What are sweet fruits ?
Qu'est-ce que sont des fruits sucrés ?

4- What does Mary like ?
Qu'aime Marie ?

5- Who is James ?
Qui est James ?

6- What is Jenny afraid of ?
Où Jenny a-t-elle peur ?

a day
[deɪ]
un jour

owls sleep in the day
les hiboux dorment la journée

December
[dɪˈsembər]
décembre

snow falls in December
la neige tombe en décembre

a deer
[dɪər]
un cerf

the deer lives in the forest
le cerf vit dans la forêt

delicious
[dɪˈlɪʃəs]
délicieux

the cake looks delicious
le gâteau a l'air délicieux

a dentist
[ˈdentɪst]
un dentiste

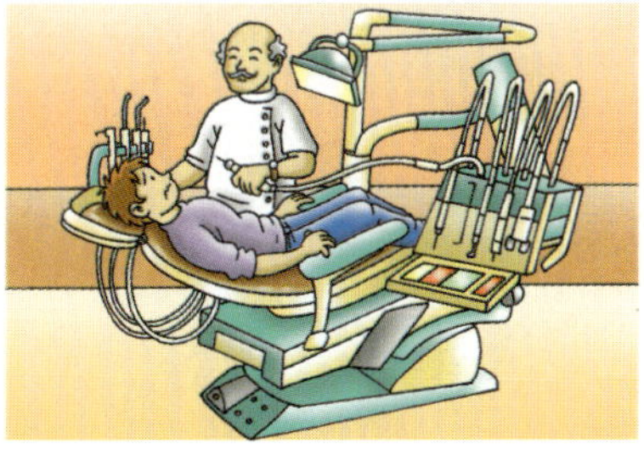

the dentist looks after Marc's teeth
le dentiste soigne les dents de Marc

devil
[ˈdevl]
diable

John is afraid of the devil
John a peur du diable

1- When does snow fall ?
Quand la neige tombe-t-elle ?

2- How does the cake look ?
Comment le gâteau a-t-il l'air ?

3- Who is John afraid of ?
De qui a peur John ?

4- When do owls sleep ?
Quand dorment les hiboux ?

5- Who lives in the forest ?
Qu'est-ce qui vit dans la forêt ?

6- Who looks after teeth ?
Qui soigne les dents ?

a diamond

[ˈdaɪəmənd]

un diamant

the diamond is a precious stone

le diamant est une pierre précieuse

dice

[daɪs]

dés

Jack often plays dice

Jack joue souvent aux dés

a dinner

[ˈdɪnər]

un dîner

Granny serves dinner at 7 PM

Mamie sert le dîner à 19 heures

dirty

[ˈdɜːtɪ]

sale

the boys are dirty

les garçons sont sales

a disease

[dɪˈziːz]

une maladie

chickenpox is an infantile disease

la varicelle est une maladie infantile

a doctor

[ˈdɒktər]

un docteur

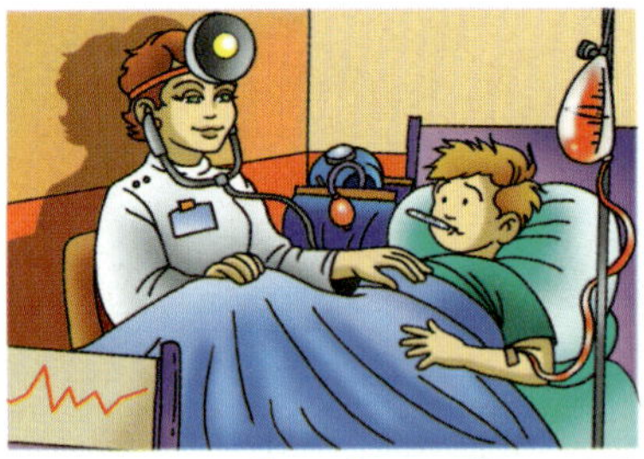

the doctor looks after Tom

le docteur s'occupe de Tom

1- What does Jack often do ?
Qu'est-ce que fait souvent Jack ?

2- How are the boys ?
Comment sont les garçons ?

3- Who looks after Tom ?
Qui s'occupe de Tom ?

4- What is a precious stone ?
Qu'est-ce qui est une pierre précieuse ?

5- What does Granny do at 7 PM?
Que fait Mamie à 19 heures ?

6- What is chickenpox ?
Qu'est-ce que la varicelle ?

a doe

[dəʊ]

une biche

the doe lives in the forest

la biche vit dans la forêt

a dog

[dɒg]

un chien

the dog is a pet

le chien est un animal domestique

a doll

[dɒl]

une poupée

Jenny loves her doll

Jenny aime sa poupée

a dolphin

[ˈdɒlfɪn]

un dauphin

the dolphin is very clever

le dauphin est très intelligent

a donkey

[ˈdɒŋkɪ]

un âne

the donkey is a stubborn animal

l'âne est un animal têtu

a donut

[ˈdəʊnʌt]

un beignet

Paul and Tom are keen on donuts

Paul et Tom adorent les beignets

1- What animal is a pet ?
Qu'est-ce qui est un animal domestique ?

2- What animal is very clever ?
Qu'est-ce qui est très intelligent ?

3- What are Paul and Tom keen on ?
Qu'adorent Paul et Tom ?

4- What animal lives in the forest ?
Qu'est-ce qui habite dans la forêt ?

5- Who does Jenny love ?
Qu'aime Jenny ?

6- What animal is stubborn ?
Qu'est-ce qui est un animal têtu ?

a door

[dɔːr]

une porte

the door is made of wood

la porte est en bois

a dragon

[ˈdrægən]

un dragon

the dragon is a legendary animal

le dragon est un animal légendaire

a dragonfly

[ˈdrægənflaɪ]

une libellule

a dragonfly is an insect

une libellule est un insecte

a drawer

[drɔːr]

un tiroir

the things are in the drawers

les affaires sont dans les tiroirs

a dream

[driːm]

un rêve

Jane is having a nice dream

Jane fait un joli rêve

a dress

[dres]

une robe

Marina wears beautiful dresses

Marina porte de belles robes

1- What animal is legendary ?
Qu'est-ce qui est un animal légendaire ?

2- Where are the things ?
Où sont les affaires ?

3- What does Marina wear ?
Que porte Marina ?

4- What is made of wood ?
Qu'est-ce qui est fait de bois ?

5- What is an insect ?
Qu'est-ce qui est un insecte?

6- What is Jane having ?
Que fait Jane ?

drink

[drɪŋk]

boire

Jenny often drinks orange juice

Jenny boit du jus d'orange

a dromedary

[ˈdrɒmədərɪ]

un dromadaire

the nomads ride on dromedaries

les nomades montent sur les dromadaires

a drum

[drʌm]

un tambour

Bob can play the drum

Bob sait battre du tambour

a duck

[dʌk]

un canard

ducks dabble in the water

les canards barbottent dans l'eau

dust

[dʌst]

poussière

there is a thick layer of dust

il y a une épaisse couche de poussière

a dwarf

[dwɔːf]

un nain

Snow White and the seven dwarfs

Blanche-Neige et les sept nains

1- What do the nomads ride on ?
Sur quoi montent les nomades ?

2- Who dabbles in the water ?
Qu'est-ce qui barbotte dans l'eau ?

3- Who is with Snow White ?
Qui est avec Blanche-Neige ?

4- What does Jenny often do ?
Que fait souvent Jenny ?

5- What can Bob play ?
Que sait battre Bob ?

6- What is the thick layer made of ?
Qu'est-ce qui est épais ?

each

[iːtʃ]

chaque

each pupil has a notebook

chaque élève a un cahier

an eagle

[ˈiːgl]

un aigle

eagles live in the mountains

les aigles vivent dans les montagnes

an ear

[ɪər]

une oreille

Bob puts his walkman on his ears

Bob met son baladeur sur ses oreilles

early

[ˈɜːlɪ]

tôt

the cock awakes early

le coq se réveille tôt

Earth

[ɜːθ]

terre

we live on Earth

nous vivons sur terre

east

[iːst]

est

Asia is to the east of Europe

l'Asie est à l'est de l'Europe

1- Who lives in the mountains?
Qu'est-ce qui vit dans les montagnes ?

2- When does the cock awake ?
Quand le coq se réveille-t-il ?

3- Where is Asia ?
Où est l'Asie ?

4- Who has a notebook ?
Qui a un cahier ?

5- Where does Bob put his walkman ?
Où Bob met-il son baladeur ?

6- Where do we live ?
Où vivons-nous ?

an egg

[eg]

un oeuf

the eggs are in the nest

les oeufs sont dans le nid

eight

[eɪt]

huit

there are eight flowers

il y a huit fleurs

eighteen

[eit ʹiːn]

dix-huit

there are eighteen marbles

il y a dix-huit billes

an elbow

[ˈelbəʊ]

un coude

don't put your elbows on the table !

ne pose pas les coudes sur la table !

an electrician

[ilekʹtriʃn]

un électricien

Dan is an electrician

Dan est un électricien

elegant

[ˈelɪgənt]

élégant

Jane is always elegant

Jane est toujours élégante

1- How many flowers are there ?
Combien y-a-t-il de fleurs ?

2- What mustn't you put on the table ?
Qu'est-ce qu'il ne faut pas poser sur la table ?

3- How is Jane ?
Comment est toujours Jane ?

4- What are in the nest ?
Qu'est-ce qui est dans le nid ?

5- How many marbles are there ?
Combien y-a-t-il de billes ?

6- What is Dan's job ?
Quel est le travail de Dan ?

a b c d e f g h i j k l m n o p q r s t u v w x y z

a b c d e f g h i j k l m n o p q r s t u v w x y z

an elephant

['elɪfənt]

un éléphant

an elephant is a wild animal

l'éléphant est un animal sauvage

eleven

[ɪ'levn]

onze

there are eleven feathers

il y a onze plumes

empty

['emptɪ]

vide

Tom's fridge is empty

le réfrigérateur de Tom est vide

an enemy

['enɪmɪ]

un ennemi

the cat is the enemy of the mouse

le chat est l'ennemi de la souris

enormous

[ɪ'nɔːməs]

énorme

Bob has an enormous toy

Bob a un jouet énorme

Europe

['jʊərəp]

Europe

Great Britain is in Europe

la Grande Bretagne est en Europe

1- How many feathers are there ?
Combien y-a-t-il de plumes ?

2- What is the cat to the mouse ?
Qu'est le chat pour la souris ?

3- Where is Great Britain ?
Où est la Grande Bretagne ?

4- Who is a wild animal ?
Qu'est-ce qui est un animal sauvage ?

5- How is Tom's fridge ?
Comment est le réfrigérateur de Tom ?

6- How is Bob's toy ?
Comment est le jouet de Bob ?

the evening

[ˈiːvnɪŋ]

le soir

Peter never goes out in the evening

Peter ne sort jamais le soir

an event

[ɪˈvent]

un évènement

this battle was a terrible event

cette bataille fut un événement terrible

evil

[ˈiːvl]

méchant

they are evil witches

elles sont de méchantes sorcières

an experiment

[ɪkˈsperɪmənt]

une expérience

a scientist conducts experiments

le scientifique fait des expériences

an extraterrestrial

[ˌekstrəte ˈrestriəl]

un extraterrestre

Paul believes in extraterrestrials

Paul croit aux extraterrestres

an eye

[aɪ]

un oeil

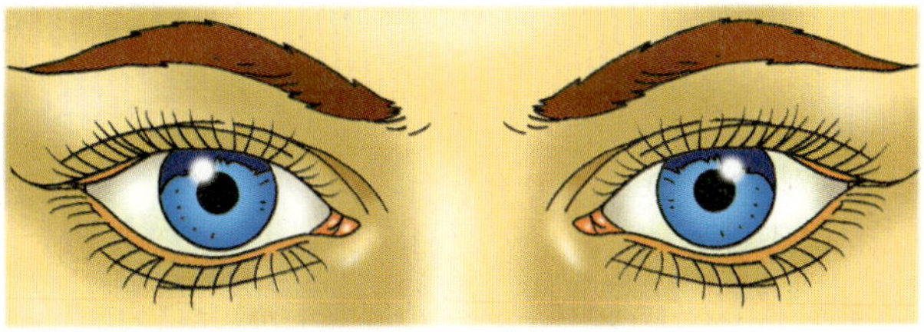

Sylvia has got blue eyes

Sylvie a les yeux bleus

1- What was this battle ?
Que fut cette bataille ?

2- What kind of witches are they ?
Quelle sorte de sorcière sont-elles ?

3- What has Sylvia got ?
Qu'est-ce que Sylvie a ?

4- When does Peter never go out ?
Quand Peter ne sort-il jamais ?

5- What does a scientist conduct ?
Que fait le scientifique ?

6- What does Paul believe in ?
En quoi croit Paul ?

1- Who is Bob's wife ?
Qui est la femme de Bob ?

2- Who is Helen's daughter ?
Qui est la fille d'Hélène ?

3- Who is Greg's nephew ?
Qui est le neveu de Greg ?

4- Who is Vicky's aunt ?
Qui est la tante de Vicky ?

5- Who is Linda ?
Qui est Linda ?

6- Who is Peter ?
Qui est Peter ?

a fan
[fæn]
un éventail

the women are using a fan
les femmes se servent d'un éventail

a farm
[fɑːm]
une ferme

a countryman works on a farm
le paysan travaille à la ferme

February
['februərɪ]
février

February is a winter month
Février est un mois d'hiver

a fever
['fiːvər]
la fièvre

Jane has a fever because she is ill
Jane a de la fièvre car elle est malade

fifteen
['faɪer]
quinze

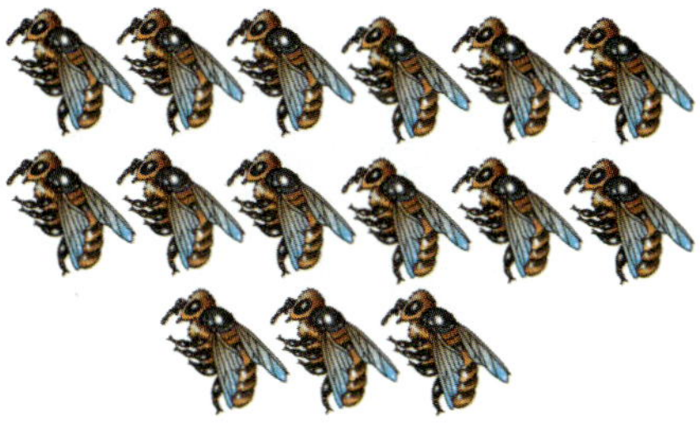

there are fifteen bees
il y a quinze abeilles

a fire
['faɪer]
un feu

the firemen extinguish the fire
les pompiers éteignent le feu

a b c d e f g h i j k l m n o p q r s t u v w x y z

1- Where does a countryman work ?
Où travaille le paysan ?

2- What is happening to Jane ?
Qu'arrive-t-il à Jane ?

3- What do the firemen extinguish ?
Qu'est-ce que les pompiers éteignent ?

4- What are the women using ?
De quoi les femmes se servent-elles ?

5- What is a winter month ?
Qu'est-ce qui est un mois d'hiver ?

6- How many bees are there ?
Combien d'abeilles y-a-t-il ?

a b c d e f g h i j k l m n o p q r s t u v w x y z

a fish

['fɪʃ]

un poisson

fish live in water

les poissons vivent dans l'eau

five

[faɪv]

cinq

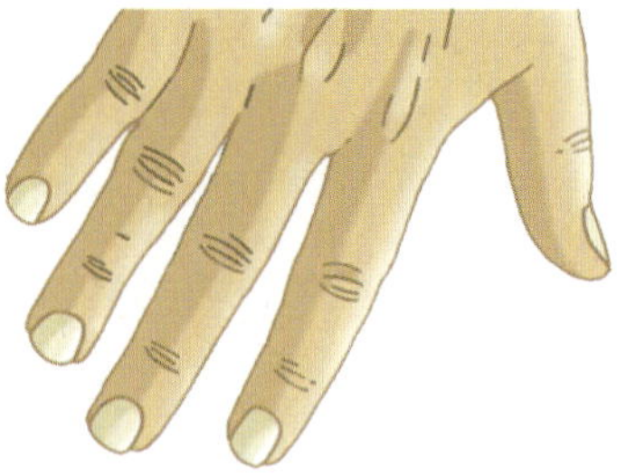

my hand has got five fingers

ma main a cinq doigts

a flower

['flaʊər]

une fleur

Bob waters his flowers every day

Bob arrose ses fleurs tous les jours

a flute

[fluːt]

une flûte

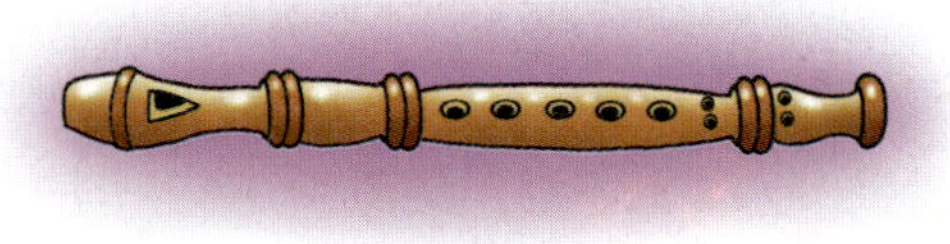

Jennifer can play the flute

Jennifer sait jouer de la flûte

a fly

[flaɪ]

une mouche

the fly is an insect

la mouche est un insecte

a forest

['fɒrɪst]

une forêt

Lucie is reading in the forest

Lucie lit dans la forêt

1- How many fingers has my hand got?
Combien de doigts ma main a-t-elle ?

3- What can Jennifer play ?
De quoi Jennifer sait-elle jouer ?

3- Where is Lucie reading ?
Où Lucie lit-elle ?

4- Who lives in water ?
Qu'est-ce qui vit dans l'eau ?

5- What does Bob water every day ?
Qu'est-ce que Bob arrose tous les jours ?

6- What is an insect ?
Qu'est-ce qui est un insecte ?

a fork
[fɔːk]
une fourchette

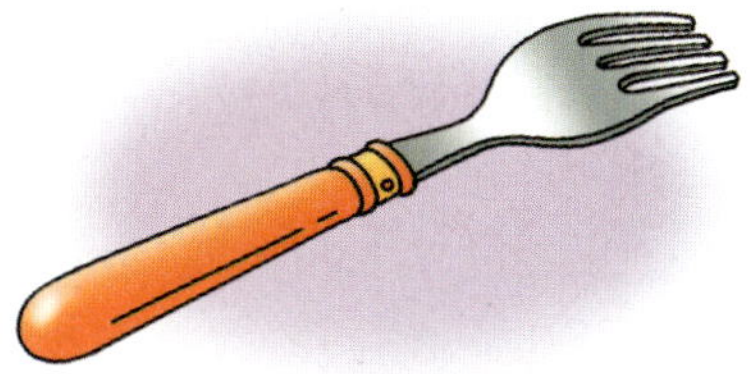

a fork is useful for eating
une fourchette est pratique pour manger

four
[fɔːr]
quatre

there are four cakes
il y a quatre gâteaux

fourteen
[fɔː'tiːn]
quatorze

the boy is fourteen today
le garçon a quatorze ans aujourd'hui

a fox
[fɒks]
un renard

the fox has killed a chicken
le renard a tué une poule

Friday
['fraɪdeɪ]
vendredi

Brian goes to school every Friday
Brian va à l'école tous les vendredi

a fridge
[frɪdʒ]
un réfrigérateur

the fridge is open
le réfrigérateur est ouvert

1- How many cakes are there ?
Combien y-a-t-il de gâteaux ?

2- Who has killed a chicken ?
Qu'est-ce qui a tué une poule ?

3- What is open ?
Qu'est-ce qui est ouvert ?

4- What is useful for eating ?
Qu'est-ce qui est pratique pour manger ?

5- How old is the boy today ?
Quel âge a le garçon aujourd'hui ?

6-When does Brian go to school ?
Quand Brian va-t-il à l'école ?

a b c d e f g h i j k l m n o p q r s t u v w x y z

a friend

[frend]

un ami

Philip has got a good friend

Philip a un bon ami

frightened

['fraɪtnd]

effrayé

the woman is frightened

la femme est effrayée

a frog

[frɒg]

une grenouille

the frog is a batrachian

la grenouille est un batracien

front

[frʌnt]

devant

Tom is in front of the horse

Tom est devant le cheval

full

[ful]

rempli

the fridge is full of food

le réfrigérateur est rempli de nourriture

furious

['fjuəriəs]

furieux

Mr. Green always looks furious

Monsieur Green a toujours l'air furieux

1- How is the woman?
Comment est la femme ?

2- How does Mr. Green always look ?
Comment Monsieur Green a toujours l'air ?

3- Where is Tom ?
Où est Tom ?

4- What has Philip got ?
Qu'est-ce qu'a Philip ?

5- What is a batrachian ?
Qu'est-ce qui est un batracien ?

6- How is the fridge ?
Comment est le réfrigérateur ?

1- What is your favourite fruit ?
Quel est ton fruit préféré ?

2- Which fruits can you eat in summer ?
Quels fruits mange-t-on en été ?

3- Which fruit is used to make wine ?
Quel fruit sert à faire le vin ?

4- Which fruits can you eat in autumn ?
Quels fruits mange-t-on en automne ?

5- Which fruit do monkeys eat ?
Quel fruit mangent les singes ?

6- Name the fruits that grow on a tree.
Cite les fruits qui poussent sur un arbre.

a b c d e f g h i j k l m n o p q r s t u v w x y z

1- Name two trees.
Cite deux arbres.

2- Name two wildflowers ?
Cite deux fleurs des champs.

3- Which flower has bell-shaped flowers ?
Quelle fleur a des clochettes ?

4- Which flower is cultivated in Holland ?
Quelle fleur cultive-t-on en Hollande ?

5- Name a blue flower.
Cite une fleur bleue.

6- What is your favourite flower ?
Quel est ta fleur préféré ?

a game

[geɪm]

un jeu

football is a game

le football est un jeu

a garden

[ˈgɑːdn]

un jardin

the garden is beautiful

le jardin est joli

garlic

[ˈgɑːlɪk]

ail

Albert often puts garlic in his food

Albert met souvent de l'ail dans sa nourriture

a gate

[geɪt]

un portail

the gate is closed

le portail est fermé

a ghost

[gəʊst]

un fantôme

Vanessa believes in ghosts

Vanessa croit aux fantômes

a giant

[ˈdʒaɪənt]

un géant

the giant is a fairy tale character

le géant est un personnage de conte de fée

1- What is beautiful ?
Qu'est-ce qui est joli ?

2- Who is a fairy tale character ?
Qui est un personnage de conte de fée ?

3- What is closed ?
Qu'est-ce qui est fermé ?

4- What is football ?
Qu'est-ce que le football ?

5- What does Albert often put in his food ?
Que met souvent Albert dans sa nourriture ?

6- What does Vanessa believe in ?
En quoi Vanessa croit-elle ?

a b c d e f **g** h i j k l m n o p q r s t u v w x y z

a gift

[gɪft]

un cadeau

Helen often receives a gift

Hélène reçoit souvent un cadeau

a giraffe

[dʒɪ'rɑːf]

une girafe

the giraffe lives in the savannah

la girafe vit dans la savane

a girl

[gɜːl]

une fille

Shirley is a girl

Shirley est une fille

a glass

[glɑːs]

un verre

they have big glasses

ils ont de grands verres

glasses

[glɑːsiːz]

paire de lunettes

Mike always wears glasses

Mike porte toujours des lunettes

a glove

[glәʊb]

un gant

gloves are useful in winter

les gants sont utiles en hiver

1- **What lives in the savannah ?**
Qu'est-ce qui vit dans la savane ?

2- **What do they have ?**
Qu'ont-ils ?

3- **What is useful in winter ?**
Qu'est-ce qui est utile en hiver ?

4- **What does Helen often receive ?**
Que reçoit souvent Hélène ?

5- **Who is Shirley ?**
Qui est Shirley ?

6- **What does Mike always wear ?**
Que porte toujours Mike ?

from glue to grass

glue
[gluː]
colle

Tom uses glue to repair the vase
Tom utilise de la colle pour réparer le vase

a goat
[gəʊt]
une chèvre

James enjoys goat cheese
James adore le fromage de chèvre

a gorilla
[gəˈrɪlə]
un gorille

gorillas are big monkeys
les gorilles sont de grands singes

a grapefruit
[ˈgreɪpfruːt]
un pamplemousse

Jeremy likes grapefruit juice
Jérémy aime le jus de pamplemousse

grapes
[greɪp]
raisin

you need grapes to make wine
il faut du raisin pour faire du vin

grass
[grɑːs]
herbe

the grass is green
l'herbe est verte

1- What kind of cheese does James enjoy ?
Quel fromage James aime ?

2- What do you need to make wine ?
Qu'utilise t-on pour faire du vin ?

3- What is green ?
Qu'est-ce qui est vert ?

4- What does Tom use to repair the vase ?
Qu'est-ce qu'utilise Tom pour réparer le vase ?

5- What are big monkeys ?
Qui sont de grands singes ?

6- What type of juice does Jeremy like ?
Quel sorte de jus aime Jeremy ?

a grasshopper

['graːshɒpər]

une sauterelle

a grasshopper is an insect

une sauterelle est un insecte

green

[griːn]

vert

John painted a green landscape

John a peint un paysage en vert

a guest

[gest]

un invité

the guest brings flowers

l'invité apporte un bouquet

a guitar

[gɪ'taːr]

une guitare

Peter can play the guitar

Peter sait jouer de la guitare

a gun

[gʌn]

un pistolet

Max has got a cowboy gun

Max a un pistolet de cowboy

gymnastics

['dʒim'n̩stiks]

gymnastique

at 7 AM, Jane does gymnastics

à 7 heures, Jane fait de la gymnastique

1- What did John paint ?
Qu'est-ce que John a peint ?

2- What can Peter play ?
De quoi Peter sait-il jouer ?

3- What does Jane do at seven a.m.?
Que fait Jane à sept heures ?

4- What is an insect ?
Qu'est-ce qui est un insecte ?

5- Who brings flowers ?
Qui apporte un bouquet ?

6- What has Max got ?
Qu'est ce que Max a ?

hair

[heər]

cheveux

Jenny has got blond hair

Jenny a les cheveux blonds

a hairdresser

[hɛəˈdresəˈ]

un coiffeur

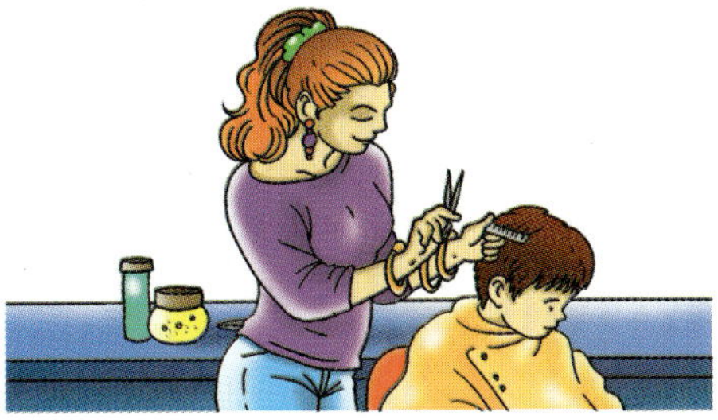

Lucy is a hairdresser

Lucy est coiffeuse

half

[hɑːf]

demi

it is half past two

il est deux heures et demie

Halloween

[hæləvˈiːn]

Halloween

they are disguised for Halloween

ils sont déguisés pour Halloween

ham

[hæm]

jambon

Walter eats a ham sandwich

Walter mange un sandwich au jambon

a hamster

[ˈhæmstər]

un hamster

the hamster eats cheese

le hamster mange du fromage

1- What is Lucy's job ?
Quel est le métier de Lucy ?

2- Why are they disguised ?
Pourquoi sont-ils déguisés ?

3- Who eats cheese ?
Qu'est-ce qui mange du fromage ?

4- What has Jenny got ?
Qu'est-ce que Jenny a ?

5- What time is it, please ?
Quelle heure est-il, s'il vous plait ?

6- What does Walter eat ?
Que mange Walter ?

a hand

[hænd]

une main

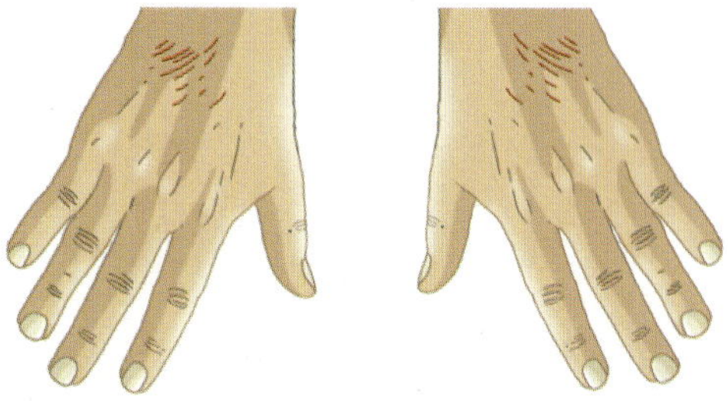

wash your hands before eating

lave-toi les mains avant de manger

a handkerchief

[ˈhændkətʃif]

mouchoir

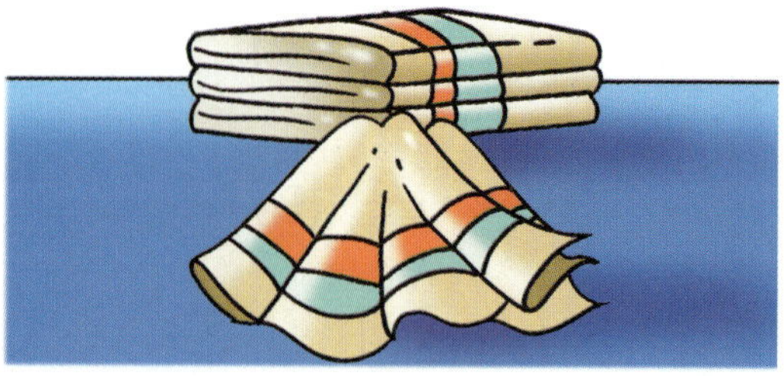

you often need a handkerchief

on a souvent besoin d'un mouchoir

happy

[ˈhæpɪ]

heureux

the children feel happy

les enfants se sentent heureux

hard

[hɑːd]

dur

this bed is hard

ce lit est dur

a hat

[hæt]

un chapeau

Lucy sometimes wears a hat

Lucy porte parfois un chapeau

a head

[hed]

une tête

Paul wears a bonnet on his head

Paul porte un bonnet sur la tête

1- What do you often need ?
De quoi a-t-on souvent besoin ?

2- How is this bed ?
Comment est ce lit ?

3- Where does Paul wear a bonnet ?
Où Paul porte-t-il un bonnet ?

4- What must you do before eating ?
Que doit-on faire avant de manger ?

5- How do the children feel ?
Comment se sentent les enfants ?

6- What does Lucy sometimes wear ?
Que porte Lucy parfois ?

a heart

[hɑːt]

un coeur

John gives his heart to Sandy

John donne son cœur à Sandy

a hedgehog

[ˈhedʒhɒg]

un hérisson

you can't play with a hedgehog

on ne joue pas avec un hérisson

a helicopter

[ˈhelɪkɒptər]

un hélicoptère

a helicopter can fly very fast

un hélicoptère peut voler très vite

a helmet

[ˈhelmɪt]

un casque

a miner always wears his helmet

un mineur porte toujours un casque

hockey

[ˈhɒkɪ]

hockey

Greg loves playing hockey

Greg adore jouer au hockey

holiday

[ˈhɒlɪdeɪ]

vacances

they go pedal-boating during holiday

ils font du pédalo pendant les vacances

1- Who can't you play with ?
Avec qui ne peut-on jouer ?

2- What does a miner always wear ?
Que porte toujours un mineur ?

3- When do they go pedal-boating ?
Quand font-ils du pédalo ?

4- What does John give to Sandy ?
Qu'est-ce que John donne à Sandy ?

5- What can fly very fast ?
Qu'est-ce qui peut voler très vite ?

6- What does Greg love to play ?
À quoi Greg adore-t-il jouer ?

a b c d e f g h i j k l m n o p q r s t u v w x y z

1- What is there at the top of the mountain ?
Qu'y a-t-il en haut de la montagne ?

2- What can you do with snow ?
Qu'est-ce qu'on fait avec de la neige ?

3- What do the two children slide on ?
Sur quoi glisse les deux enfants ?

4- How do the skiers go up the slopes ?
Avec quoi les skieurs remontent les pentes ?

5- Where do you live in the mountains ?
Où habite-t-on à la montagne ?

6- Where can you grind the grain ?
Où peut-on moudre le grain ?

a b c d e f g h i j k l m n o p q r s t u v w x y z

a b c d e f g h i j k l m n o p q r s t u v w x y z

1- Where do the country people live ?
Où habite les paysans ?

2- Where do you lie down on the beach ?
Sur quoi s'allonge-t-on à la plage ?

3- What protects from the sun ?
Qu'est-ce qui protège du soleil ?

4- What can you find at the seaside ?
Que trouve-t-on au bord de la mer ?

5- What can float on water ?
Qu'est-ce qui flotte sur l'eau ?

6- What shines in the night ?
Qu'est-ce qui brille dans la nuit ?

to ski
skier

to climb
escalader

to skate
patiner

to fish
pêcher

to camp
camper

to ride a horse
monter à cheval

to ride a bike
faire du vélo

to walk
marcher

to picnic
pique-niquer

to dive
plonger

to pick up
ramasser

to surf
surfer

to tan
bronzer

to make a sand castle
faire un château de sable

to go swimming
se baigner

1- Name three winter sports.
Cite trois sports d'hiver.

2- What can you do at the seaside ?
Que peut-on faire au bord de la mer ?

3- What can you do thanks to the sun ?
Que fait-on grâce au soleil ?

4- Name 3 activities you can do in the country.
Cite trois activités à faire à la campagne.

5- What can you do in a swimming-pool ?
Que peut-on faire dans une piscine ?

6-Where do you like to spend your holiday ?
Où aimes-tu passer tes vacances ?

honey

[ˈhʌnɪ]
miel

bears love honey
les ours aiment le miel

a horse

[hɔːs]
un cheval

Bob likes riding a horse
Bob aime monter à cheval

a hospital

[ˈhɒspɪtl]
un hôpital

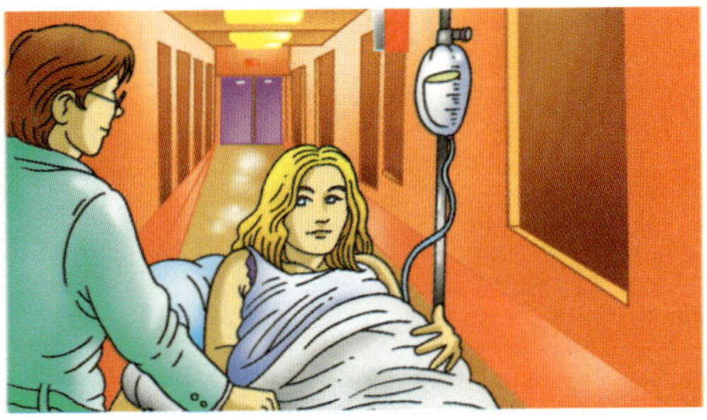

the doctor works at the hospital
le docteur travaille à l'hôpital

hot

[hɒt]
chaud

Tom's soup is too hot
la soupe de Tom est trop chaude

a house

[haʊs]
une maison

Jill lives in a house
Jill habite dans une maison

hunger

[ˈhʌŋgər]
faim

some countries still suffer from hunger
certains pays souffrent encore de la faim

1- How is Tom's soup ?
Comment est la soupe de Tom ?

2- What do some countries still suffer from?
De quoi souffrent encore certains pays ?

3- What does Bob like doing ?
Qu'est-ce qu'aime faire Bob ?

4- What do bears love ?
Qu'est-ce qu'aiment les ours ?

5- Where does the doctor work ?
Où travaille le docteur ?

6- Where does Jill live ?
Où habite Jill ?

a b c d e f g h i j k l m n o p q r s t u v w x y z

1- Name the rooms on the ground floor.
Cite les pièces du rez-de-chaussée.

2- Where do you cook ?
Où fait-on la cuisine ?

3- How can you get to the first floor ?
Comment va-t-on au premier étage ?

4- Where do you put the car ?
Où range-t-on la voiture ?

5- Where do you sleep ?
Où dort-on ?

6- Where do you tidy the clothes ?
Où range-t-on les vêtements ?

a b c d e f g h i j k l m n o p q r s t u v w x y z

1- **Name the rooms on the first floor.**
Cite les pièces du premier étage.

2- **Where can you watch television ?**
Où regarde-t-on la télévision ?

3- **Where do you tidy old objets ?**
Où range-t-on les vieux objets ?

4- **Where do you wash ?**
Où se lave-t-on ?

5- **Which is your favourite room ?**
Quelle est ta pièce préférée ?

6- **What is covered by tiles ?**
Qu'est-ce qui est recouvert de tuiles ?

to wake up
se réveiller

to get up
se lever

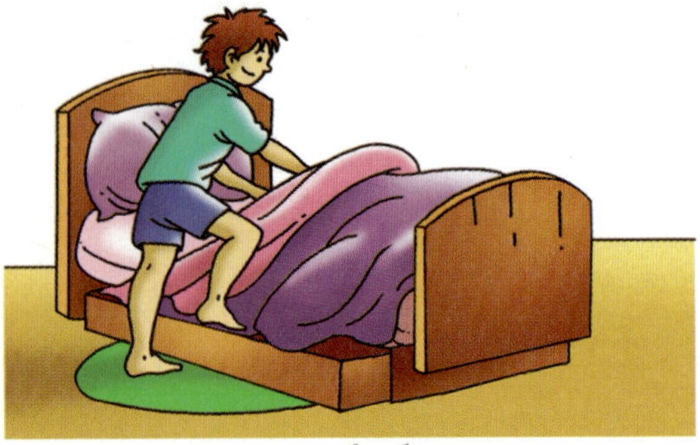
to go to bed
se coucher

to cook
cuisiner

to play
jouer

to dress
s'habiller

to comb
se peigner

to watch tv
regarder la télévision

to eat
manger

to drink
boire

to open
ouvrir

to close
fermer

to walk down the stairs
descendre les escaliers

to walk up the stairs
monter les escaliers

1- What can you do to your hair ?
Que peut-on faire pour arranger ses cheveux ?

2- What do you do when the alarm clock goes off ?
Que fait-on quand le réveil sonne ?

3- What do you do after washing ?
Que fait-on après s'être laver ?

4- What are your spare-time activities at home ?
Quel sont tes loisirs à la maison ?

5- What can you do with the fridge door ?
Que fait-on avec la porte du réfrigérateur ?

6- What do you do before sleeping ?
Que fait-on avant de dormir ?

an ice cream

[aiskriːm]

une glace

John wants to eat an ice cream

John veut manger une glace

ill

[ɪl]

malade

Tom is ill

Tom est malade

illustrate

[ˈɪləstrəɪt]

illustrer

his drawings illustrate children's books

ses dessins illustrent les livres d'enfant

in

[ɪn]

dans

Bob is in his cabin

Bob est dans sa cabane

an indian

['indjən]

un indien

indians hunt buffaloes to live

les indiens chassent les buffles pour vivre

ink

[ɪŋk]

encre

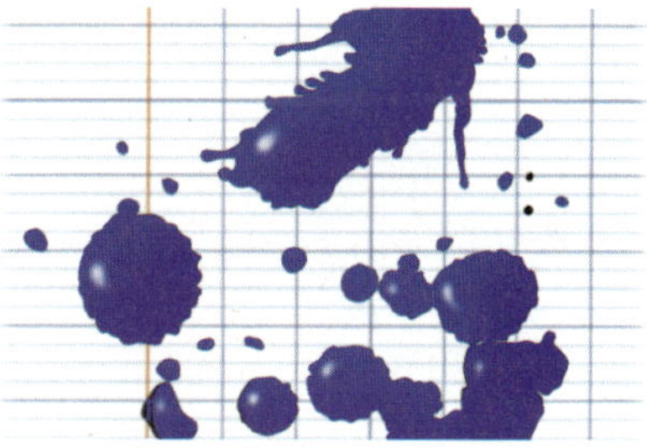

Alan's notebook is stained with ink

le cahier d'Alan est tâché d'encre

1- How is Tom ?
Comment est Tom ?

2- What is Alan's notebook stained with ?
Avec quoi le cahier d'Alan est-il tâché ?

3- Who hunts buffaloes ?
Qui chasse les buffles ?

4- What does John want to eat ?
Que veut manger John ?

5- What do his drawings do ?
À quoi servent ses dessins ?

6- Where is Bob ?
Où est Bob ?

an insect

['ınsekt]

insecte

on Earth, insects are very numerous

sur terre, les insectes sont très nombreux

inside

[ın'saıd]

à l'intérieur

the dog is inside his kennel

le chien est à l'intérieur de sa niche

an invitation

[,invi'teiʃn]

une invitation

they have received invitation cards

ils ont reçu des cartes d'invitation

iron

['aıən]

fer

Ivanhoe's arms were made of iron

les armes d'Ivanhoé étaient en fer

an island

['aılənd]

une île

Bob often dreams of a desert island

Bob rêve souvent d'une île déserte

1- What have they received ?
Qu'ont-ils reçu ?

2- What were Ivanhoe's arms made of ?
En quoi étaient les armes d'Ivanhoé ?

3- What are very numerous on Earth ?
Qu'est-ce qui est très nombreux sur terre ?

4- Where is the dog ?
Où est le chien ?

5- What does Bob often dream of ?
De quoi Bob rêve-t-il souvent ?

insects

1- Which insect makes honey ?
Quel insecte fait du miel ?

2- What is red with black spots ?
Qu'est-ce qui est rouge avec des pois noirs ?

3- Which insect eats greenflies ?
Quel insecte mange des pucerons ?

4- What has got very colourful wings ?
Qu'est-ce qui a des ailes très colorées ?

5- Which insect can jump very high ?
Quel insecte saute très haut ?

6- Which insect can sting hard ?
Qu'est-ce qui pique très fort ?

a jacket
[ˈdʒækɪt]
une veste

Sam wants to buy a jacket
Sam veut acheter une veste

jam
[dʒæm]
confiture

you put jam on bread
on met de la confiture sur le pain

January
[ˈdʒænjʊərɪ]
janvier

January is a winter month
janvier est un mois d'hiver

juice
[dʒuːs]
un jus

Mark often drinks orange juice
Mark boit souvent du jus d'orange

July
[dʒuːˈlaɪ]
juillet

July is a summer month
Juillet est un mois d'été

June
[dʒuːn]
juin

pupils finish school in June
les élèves terminent l'école en juin

1- What do you put on bread ?
Que met-on sur le pain ?

2- What does Mark often drink ?
Que boit souvent Mark ?

3- When do pupils finish school ?
Quand les élèves finissent-ils l'école ?

4- What does Sam want to buy ?
Que veut acheter Sam ?

5- Which month is in winter ?
Lequel est un mois d'hiver ?

6- Which month is in summer ?
Lequel est un mois d'été ?

a kangaroo

[ˌkæŋgəˈruː]

un kangourou

kangaroos live in Australia

les kangourous vivent en Australie

a kennel

[ˈkenl]

une niche

Toby lives in a big kennel

Toby vit dans une grande niche

a kettle

[ˈketl]

une bouilloire

you can make tea with a kettle

on peut faire du thé avec une bouilloire

a key

[kiː]

une clef

Bob opens the door with his keys

Bob ouvre la porte avec ses clefs

a king

[kɪŋ]

un roi

the king is on his horse

le roi est sur son cheval

a kitchen

[ˈkɪtʃɪn]

une cuisine

we prepare meals in the kitchen

on prépare les repas dans la cuisine

1- **Where does Toby live ?**
Où vit Toby ?

2- **What does Bob use to open the door ?**
Avec quoi Bob ouvre-t-il la porte ?

3- **Where do we prepare meals ?**
Où prépare-t-on les repas ?

4- **What lives in Australia ?**
Qu'est-ce qui vit en Australie ?

5- **What do you need to make tea ?**
De quoi se sert-on pour faire le thé ?

6- **Who is on his horse ?**
Qui est sur son cheval ?

a kite

[kaɪt]

un cerf-volant

Jessy flies his kite

Jessy fait voler son cerf-volant

a kiwi

[ˈkiːwiː]

un kiwi

Laura eats a kiwi every morning

Laura mange un kiwi tous les matins

a knee

[niː]

un genou

Tom has a scratch on his knee

Tom a une égratignure sur le genou

a knife

[naɪf]

un couteau

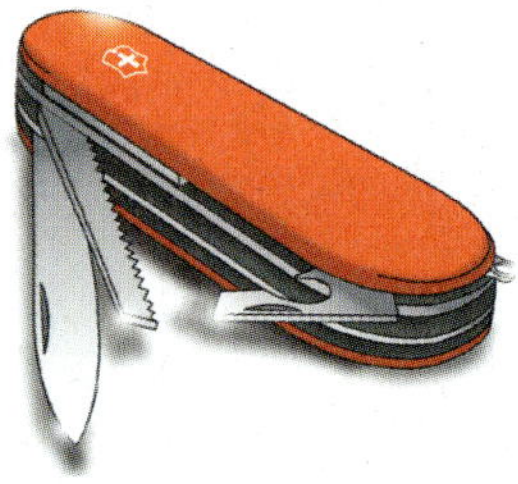

to use a knife is dangerous

utiliser un couteau est dangereux

a knight

[naɪt]

un chevalier

the knight wants to fight

le chevalier veut se battre

a knot

[nɒt]

un noeud

Steve can't tie a knot

Steve ne sait pas faire un nœud

1- What does Laura eat every morning ?
Que mange Laura tous les matins ?

2- What is dangerous to use ?
Qu'est-il dangereux d'utiliser ?

3- What can't Steve do ?
Que ne sait pas faire Steve ?

4- What does Jessy fly ?
Que fait voler Jessy ?

5- Where does Tom have a scratch ?
Où Tom a-t-il une égratignure ?

6- Who wants to fight ?
Qui veut se battre ?

a labyrinth

[ˈlæbəˈrɪnθ]

un labyrinthe

it's difficult to get out of a labyrinth

il est difficile de sortir d'un labyrinthe

a ladder

[ˈlædər]

une échelle

the ladder is against the wall

l'échelle est contre le mur

a ladybird

[ˈleidibəːd]

une coccinelle

the ladybird is on the leaf

la coccinelle est sur la feuille

a lamb

[læm]

un agneau

the lamb is in the meadow

l'agneau est dans le pré

late

[leɪt]

tard

they are tired because it is late

ils sont fatigués car il est tard

laugh

[lɑːf]

rire

the joke makes them laugh

la blague les fait rire

1- What is against the wall ?
Qu'est-ce qui est contre le mur ?

2- Who is in the meadow ?
Qu'est-ce qui est dans le pré ?

3- What do they do because of the joke ?
Que font-ils à cause de la blague ?

4- Where is it difficult to get out from ?
D'où est-il difficile de sortir ?

5- What is on the leaf ?
Qu'est-ce qui est sur la feuille ?

6- Why are they tired ?
Pourquoi sont-ils fatigués ?

lazy
['leɪzɪ]
paresseux

Bill feels lazy on Sunday mornings
Bill se sent paresseux le dimanche matin

a leaf
[liːf]
une feuille

leaves fall in autumn
les feuilles tombent en automne

left
[left]
gauche

Jill has a flower in her left hand
Jill tient une fleur dans sa main gauche

a leg
[leg]
une jambe

Dan has got his leg in plaster
Dan a une jambe dans le plâtre

a lemon
['lemən]
un citron

Helen enjoys lemon juice
Hélène aime le jus de citron

a letter
['letər]
une lettre

the letter is in the letterbox
la lettre est dans la boîte aux lettres

1- What is in the letterbox ?
Qu'est-ce qu'il y a dans la boîte aux lettres ?

2- What has Dan got in plaster ?
Qu'est-ce que Dan a dans le plâtre ?

3- What falls in autumn ?
Qu'est-ce qui tombe en automne ?

4- How does Bill feel on Sunday mornings ?
Comment se sent Bill le dimanche matin ?

5- In which hand does Jill have a flower ?
Dans quelle main Jill tient-elle une fleur ?

6- What does Helen enjoy ?
Qu'est-ce qu'Hélène aime ?

lettuce
['letɪs]
une laitue

the lettuce is a salad
la laitue est une salade

a library
['laɪbrərɪ]
une bibliothèque

Bob spends his time at the library
Bob passe son temps à la bibliothèque

light
[laɪt]
léger

Jane's schoolbag is light
le cartable de Jane est léger

a lily pad
['lilipad]
un nénuphar

the lily pad has a lovely flower
le nénuphar a une jolie fleur

a lion
['laɪən]
un lion

the lion is a wild animal
le lion est un animal sauvage

a living room
['lɪvɪŋ rʊm]
un salon

we watch T.V. in the living room
nous regardons la télé dans le salon

1- Where does Bob spend his time ?
Où Bob passe-t-il son temps ?

2- What has a lovely flower ?
Qu'est-ce qui a une joli fleur ?

3- Where do we watch t.v. ?
Où regardons-nous la télé ?

4- What is a salad ?
Qu'est-ce qui est une salade ?

5- How is Jane's schoolbag ?
Comment est le cartable de Jane ?

6- What is a wild animal ?
Qu'est-ce qui est un animal sauvage ?

a b c d e f g h i j k l m n o p q r s t u v w x y z

a b c d e f g h i j k l m n o p q r s t u v w x y z

a lizard
[ˈlɪzəd]
un lézard

the lizard is a reptile
le lézard est un reptile

a lobster
[ˈlɒbstər]
un homard

the lobster is a crustacean
le homard est un crustacé

a lock
[lɒk]
une serrure

Linda turns her key in the lock
Linda tourne sa clef dans la serrure

a lollipop
[ˈlɒlɪpɒp]
une sucette

Helen often buys lollipops
Hélène achète souvent des sucettes

luggage
[ˈlʌgɪdʒ]
bagages

Jim's luggage is very heavy
les bagages de Jim sont très lourds

a lunch
[lʌntʃ]
un déjeuner

Granny always serves lunch at noon
Mamy sert toujours le déjeuner à midi

1- What is a crustacean ?
Qu'est-ce qui est un crustacé ?

2- What does Helen often buy ?
Qu'achète souvent Hélène ?

3- What does Granny do at noon ?
Que fait Mamy à midi ?

4- What is a reptile ?
Qu'est-ce qui est un reptile ?

5- Where does Linda turn her key ?
Où Linda tourne-t-elle sa clef ?

6- What is very heavy ?
Qu'est-ce qui est très lourd ?

a magazine

[ˌmægəˈziːn]

un magazine

Stacy often reads fashion magazines

Stacy lit souvent des magazines de mode

a magician

[məˈdʒɪʃn]

un magicien

Merlin is a great magician

Merlin est un grand magicien

a man

[mæn]

un homme

boys become men

les garçons deviennent des hommes

a map

[mæp]

une carte

Eva teaches geography on a map

Eva enseigne la géographie sur une carte

marbles

[ˈmaːbls]

billes

boys often play marbles

les garçons jouent souvent aux billes

March

[maːtʃ]

mars

March is the month of spring

mars est le mois du printemps

1- Who is Merlin ?
Qui est Merlin ?

2- Where does Eva teach geography ?
Où Eva enseigne-t-elle la géographie ?

3- Which is the month of spring ?
Quel est le mois du printemps ?

4- What does Stacy often read ?
Qu'est-ce que Stacy lit souvent ?

5- What do boys become ?
Que deviennent les garçons ?

6- What do boys often do ?
Que font souvent les garçons ?

a b c d e f g h i j k l **m** n o p q r s t u v w x y z

May

[meɪ]

mai

the weather is nice in May

il fait beau en mai

meat

[miːt]

viande

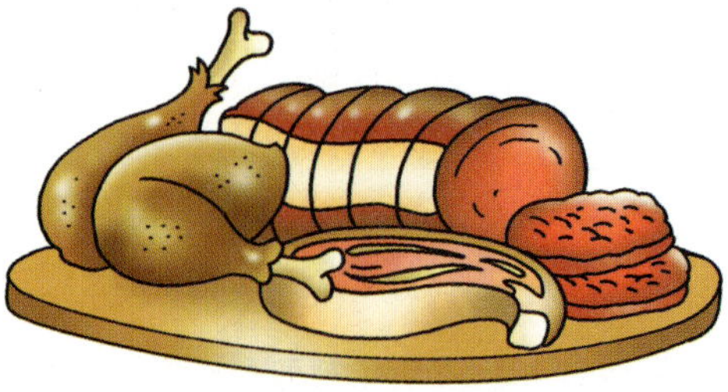

Jill buys meat at the butcher's

Jill achète de la viande chez le boucher

a melon

[ˈmelən]

un melon

the melon is a summer fruit

le melon est un fruit d'été

a mermaid

[ˈmɜːmæn]

une sirène

sailors fear mermaids

les marins craignent les sirènes

middle

[ˈmɪdl]

milieu

this is the middle of the circle

ceci est le milieu du cercle

milk

[mɪlk]

lait

babies drink milk

les bébés boivent du lait

1- What does Jill buy at the butcher's ?
Qu'achète Jill chez le boucher ?

2- What do sailors fear ?
Qu'est-ce que les marins craignent ?

3- What do babies drink ?
Que boivent les bébés ?

4- When is the weather nice ?
Quand fait-il beau?

5- What is a summer fruit ?
Qu'est-ce qui est un fruit d'été ?

6- Which part of the circle is this ?
De quelle partie du cercle s'agit-il ?

a mirror

[ˈmɪrər]

un miroir

I can see my face in the mirror

je peux voir mon visage dans le miroir

Monday

[ˈmʌndeɪ]

lundi

Monday is the first day of the week

lundi est le premier jour de la semaine

money

[ˈmʌnɪ]

argent

Dan puts money in his piggy bank

Dan met de l'argent dans sa tirelire

a monkey

[ˈmʌŋkɪ]

un singe

monkeys live in warm countries

les singes vivent dans les pays chauds

a monster

[ˈmɒnstər]

un monstre

children believe in monsters

les enfants croient aux monstres

a month

[mʌnθ]

un mois

there are twelve months in a year

il y a douze mois dans l'année

1- Which is the first day of the week ?
Quel est le premier jour de la semaine ?

2- Who lives in warm countries ?
Qu'est-ce qui vit dans les pays chauds ?

3- What is the year composed of ?
De quoi se compose une année ?

4- Where can I see my face ?
Où puis-je voir mon visage ?

5- What does Dan put in his piggy bank ?
Que met Dan dans sa tirelire ?

6- What do children believe in ?
En quoi croient les enfants ?

1- What can you eat in the morning ?
Que peut-on manger le matin ?

2- What can you drink orange juice with ?
Avec quoi peut-on boire le jus d´orange ?

3- Name three different meats.
Cite trois viandes différentes.

4- What is your favourite vegetable ?
Quel est ton légume préféré ?

5- What do you make slices with ?
Avec quoi fait-on des tartines ?

6- What do you make tea in ?
Dans quoi fait-on le thé ?

breakfast - petit déjeuner

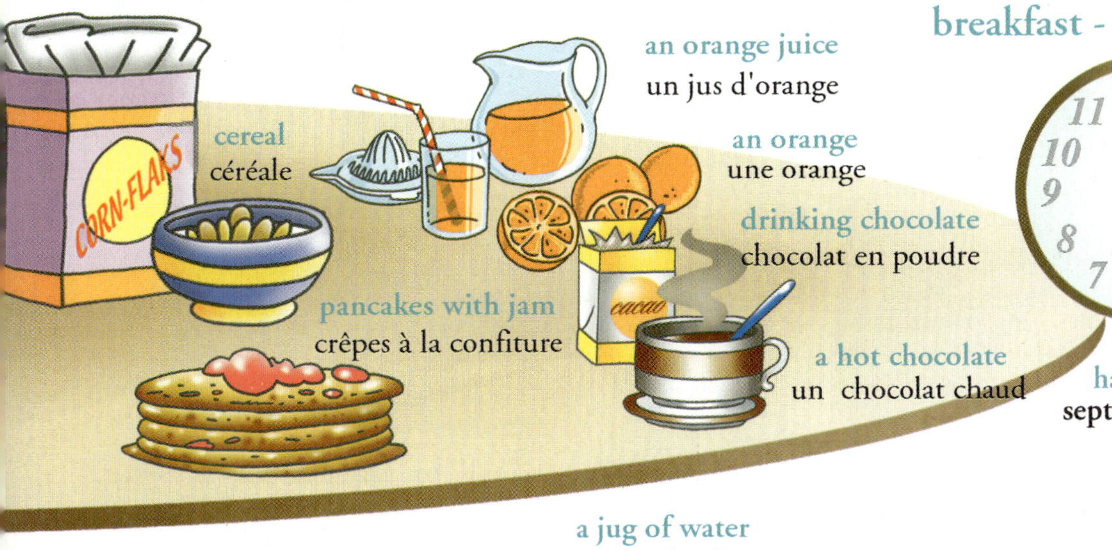

half past seven
sept heures et demi

lunch - déjeuner

quarter to twelve
midi et quart

dinner - dîner

half past nineteen
dix neuf heures trente

1- What can you eat at dinner ?
Que peut-on manger pour dîner ?

2- Name three milk products.
Cite trois aliments à base de lait.

3- Which food do you hate the most ?
Quel aliment détestes-tu le plus ?

4- What is your favourite dish ?
Quel est ton plat favori ?

5- What can you drink in the evening ?
Que peut-on boire le soir ?

6- What is your favourite meal ?
Quel est ton repas favori ?

a b c d e f g h i j k l **m** n o p q r s t u v w x y z

moon

[muːn]

lune

tonight, the moon is full

cette nuit, la lune est pleine

a moped

[ˈməʊped]

une mobylette

Albert tries to repair his moped

Albert essaye de réparer sa mobylette

morning

[ˈmɔːnɪŋ]

matin

every morning Steven gets up at 7

tous les matins Steven se lève à 7 heures

a mosquito

[məˈskiːtəʊ]

un moustique

only female mosquitoes bite us

seules mesdames moustiques nous piquent

a mountain

[ˈmaʊntɪn]

une montagne

the mountain is white with snow

la neige blanchit les montagnes

a mouse

[maʊs]

une souris

a mouse is in the garden

une souris est dans le jardin

1- What does Albert try to repair ?
Qu'essaye de réparer Albert ?

2- What bites us ?
Qu'est-ce qui nous pique ?

3- What is in the garden ?
Qu'est-ce qui est dans le jardin ?

4- What is full tonight ?
Qu'est-ce qui est plein ce soir ?

5- When does Steven get up at 7 ?
Quand Steven se lève-t-il à 7 heures ?

6- What is white with snow ?
Qu'est-ce que la neige blanchit ?

a moustache

[mə'stɑːʃ]
une moustache

Charlot has got a moustache
Charlot porte une moustache

a mouth

[maʊθ]
une bouche

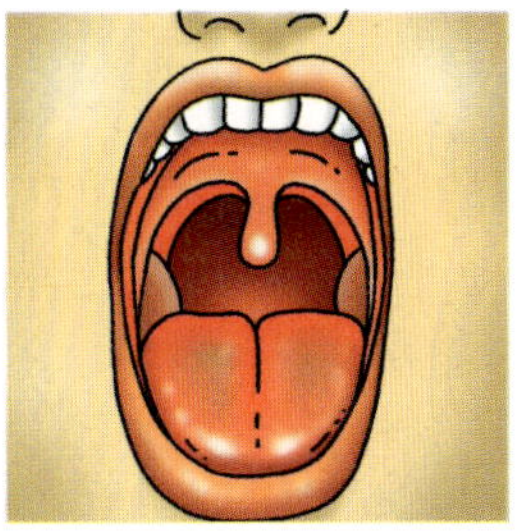

Lucy must open her mouth
Lucy doit ouvrir la bouche

mud

[mʌd]
boue

the pig likes having a mud bath
le cochon aime prendre un bain de boue

a museum

[mjuː'ziːəm]
un musée

Brandon often goes to the museum
Brandon va souvent au musée

a mushroom

['mʌʃrʊm]
un champignon

mushrooms grow in the forest
les champignons poussent dans la forêt

1- What must Lucy open ?
Qu'est-ce que Lucy doit ouvrir ?

2- Where does Brandon often go ?
Où Brandon va-t-il souvent ?

3- What grows in the forest ?
Qu'est-ce qui pousse dans la forêt ?

4- What has Charlot got ?
Qu'est-ce que porte Charlot ?

5- What kind of bath does the pig like having ?
Quelle sorte de bain aime prendre le cochon ?

a b c d e f g h i j k l m n o p q r s t u v w x y z

a b c d e f g h i j k l m n o p q r s t u v w x y z

a nail

[neɪl]

un ongle

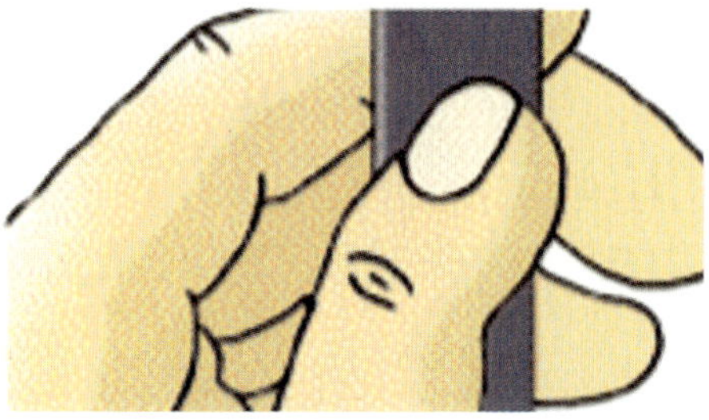

Vicky has long nails

Vicky a les ongles longs

a neck

[nek]

un cou

the neck links the head to the body

le cou relie la tête au buste

a nest

[nest]

un nid

birds live in nests

les oiseaux vivent dans des nids

a newspaper

[njuːz ˈpeipə]

un journal

Jill reads the newspaper every day

Jill lit le journal tous les jours

a night

[naɪt]

une nuit

everything is quiet at night

tout est calme la nuit

a nightmare

[naitmɛə]

un cauchemar

James sometimes has a nightmare

James fait parfois un cauchemar

1- What links the head to the body ?
Qu'est-ce qui relie la tête au buste ?

2- What does Jill read every day ?
Que lit Jill tous les jours ?

3- What does James have sometimes ?
Que fait parfois James ?

4- What does Vicky have ?
Qu'a Vicky ?

5- Where do birds live ?
Où vivent les oiseaux ?

6- When is everything quiet ?
Quand est-ce que tout est calme ?

nine

[naɪn]

neuf

There are nine forks

il y a neuf fourchettes

nineteen

[nain 'tiːn]

dix-neuf

There are nineteen pencils

il y a dix-neuf crayons

north

[nɔːθ]

nord

the north part of the Earth is cold

le nord de la Terre est froid

a nose

[nəʊz]

un nez

Jeff has a spot on his nose

Jeff a un bouton sur le nez

November

[nə'vembər]

novembre

the weather is cold in November

il fait froid en novembre

a nurse

[nɜːs]

une infirmière

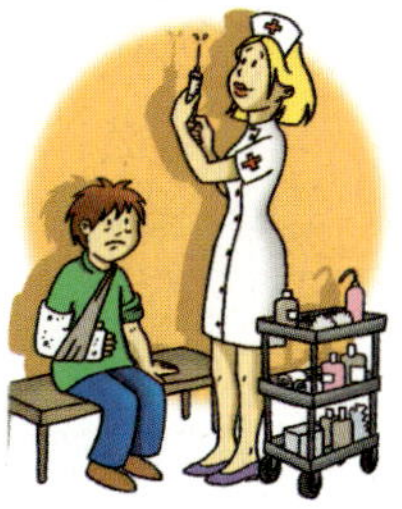

Elizabeth is a nurse

Elizabeth est infirmière

1- How many pencils are there ?
Combien de crayons y a-t-il ?

2- Where does Jeff have a spot ?
Où se trouve le bouton de Jeff ?

3- What is Elizabeth's job ?
Quel est le métier d'Elizabeth ?

4- How many forks are there ?
Combien y-a-t-il de fourchettes ?

5- What part of the Earth is cold ?
Quelle région de la Terre est froide ?

6- When is the weather cold ?
Quand fait-il froid ?

an oasis

[əʊ'eɪsɪs]

un oasis

you can see an oasis in the desert

on peut voire une oasis dans le desert

October

[ɒk'təʊbər]

octobre

leaves start to fall in October

les feuilles se mettent à tomber en octobre

an octopus

['ɒktəpəs]

une pieuvre

the octopus lives in the sea

la pieuvre vit dans la mer

oil

[ɔɪl]

une huile

Joe always uses olive oil

Joe utilise toujours de l'huile d'olive

old

[əʊld]

vieux

Dan's grandfather is old

le grand-père de Dan est vieux

an olive

['ɒlɪv]

une olive

olives grow in sunny countries

les olives poussent dans les pays ensoleillés

1- When do leaves start to fall ?
Quand les feuilles se mettent-elles à tomber ?

2- What grows in sunny countries ?
Qu'est-ce qui pousse dans les pays ensoleillés ?

3- What does Joe always use ?
Qu'est-ce que Joe utilise toujours ?

4- What can you see in the desert ?
Que peut-on voir dans le désert ?

5- What lives in the sea ?
Qu'est-ce qui vit dans la mer ?

6- How is Dan's grandfather ?
Comment est le grand-père de Dan ?

Olympic
[əˈlɪmpɪk]
Olympique

Dan will win the Olympic games
Dan gagnera les Jeux Olympiques

an omelette
[ˈɒmlɪt]
une omelette

Jill often makes an omelette
Jill fait souvent une omelette

on
[ɒn]
sur

the cat is on the roof
le chat est sur le toit

one
[wʌn]
un

there is one fish
il y a un poisson

an onion
[ˈʌnjən]
un oignon

onions give good taste to a salad
les oignons donnent bon goût à la salade

an orange
[ˈɒrɪndʒ]
une orange

Tommy loves orange juice
Tommy aime le jus d'orange

1- What does Jill often make ?
Qu'est-ce que Jill fait souvent ?

2- How many fish are there ?
Combien de poissons y-a-t-il ?

3- What does Tommy love ?
Qu'est-ce qu'aime Tommy ?

4- What will Dan win ?
Qu'est-ce que Dan gagnera ?

5- Where is the cat ?
Où est le chat ?

6- What gives a salad good taste ?
Qu'est-ce qui donne bon goût à la salade ?

a b c d e f g h i j k l m n o p q r s t u v w x y z

an orchard

[ˈɔːtʃəd]

un verger

the gardener is proud of his orchard

le jardinier est fier de son verger

an orchestra

[ˈɔːkɪstrə]

un orchestre

Mary plays in an orchestra

Mary joue dans un orchestre

outside

[ˈaʊtdɔːr]

dehors

Bill should not stay outside

Bill ne devrait pas rester dehors

an oven

[ˈʌvn]

un four

the baker puts the bread in the oven

le boulanger met le pain dans le four

an owl

[aʊl]

un hibou

owls are awake at night

les hiboux sont éveillés la nuit

an oyster

[ˈɔɪstər]

une huitre

the oyster is a shellfish

l'huitre est un crustacé

1- **Where does Mary play ?**
Où Mary joue-t-elle ?

2- **Where does the baker put the bread ?**
Où le boulanger met-il le pain ?

3- **What is a shellfish ?**
Qu'est-ce qui est un crustacé ?

4- **What is the gardener very proud of ?**
De quoi le jardinier est-il si fier ?

5- **Where shouldn't Bill stay ?**
Où Bill ne devrait-il pas rester ?

6- **Who is awake at night ?**
Qu'est-ce qui est éveillé la nuit ?

opposites

hot
chaud

cold
froid

friend
ami

enemy
ennemi

clean
propre

dirty
sale

happy
heureux

sad
triste

old
vieux

young
jeune

new
neuf

worn
usé

little **big**
petit grand

quick
rapide

slow
lent

heavy
lourd

light
léger

full
plein

empty
vide

day
jour

night
nuit

early
tôt

late
tard

1- How is the hare ?
Comment est le lièvre ?

2- What is the opposite of worn ?
Quel est l'opposé de usé ?

3- How is the ice cream ?
Comment est la glace ?

4- What is the opposite of sad ?
Quel est l'opposé de triste ?

5- How is the butterfly ?
Comment est le papillon ?

6- What is the opposite of full ?
Quel est l'opposé de plein ?

a b c d e f g h i j k l m n o p q r s t u v w x y z

a painting

[peinting]

un tableau

Steve wants to finish his painting

Steve veut terminer son tableau

a pan

[pæn]

une casserole

you use pans to cook

on utilise des casseroles pour cuisiner

a panther

[ˈpænθər]

une panthère

a panther is a wild animal

une panthère est un animal sauvage

a park

[pɑːk]

un parc

walking in a park is good for us

marcher dans le parc est bon pour nous

a parrot

[ˈpærət]

un perroquet

parrots can talk sometimes

les perroquets savent parler quelquefois

pasta

[ˈpæstə]

une pâte

Bill is fond of pasta

Bill adore les pâtes

1- What do you use to cook ?
Qu'utilise-t-on pour cuisiner ?

2- Which birds can talk sometimes ?
Quels oiseaux savent parler quelquefois ?

3- What is good for us ?
Qu'est-ce qui est bon pour nous ?

4- What does Steve want to finish ?
Qu'est-ce que Steve veut terminer ?

5- Who is a wild animal ?
Qu'est-ce qui est un animal sauvage ?

6- What is Bill fond of ?
Qu'adore Bill ?

pavement

['peɪvmənt]

un trottoir

we must walk on the pavement

nous devons marcher sur le trottoir

a peach

[piːtʃ]

une pêche

the peach is a sweet and juicy fruit

la pêche est un fruit sucré et juteux

a peacock

['piːkɔk]

un paon

the peacock has beautiful feathers

le paon a de belles plumes

a pen

[pen]

un stylo

Alice has got pens in her case

Alice a des stylos dans sa trousse

pepper

['pepər]

poivre

John always adds pepper

John rajoute toujours du poivre

a photo

['fəʊtəʊ]

une photo

Sally is taking a photo

Sally prend une photo

1- Where must we walk ?
Où devons-nous marcher ?

2- What does Alice have in her case ?
Qu'a Alice dans sa trousse ?

3- What is Sally taking ?
Que prend Sally ?

4- Who has got beautiful feathers ?
Qu'est-ce qui a de belles plumes ?

5- Which fruit is sweet and juicy ?
Quel fruit est sucré et juteux ?

6- What does John always add ?
Qu'est-ce que John rajoute toujours ?

a b c d e f g h i j k l m n o **p** q r s t u v w x y z

a piano
[pɪˈænəʊ]
un piano

Bob can play the piano
Bob sait jouer du piano

a picnic
[ˈpɪknɪk]
un pique-nique

they are having a picnic near the river
ils font un pique-nique près de la rivière

a pig
[pɪg]
un cochon

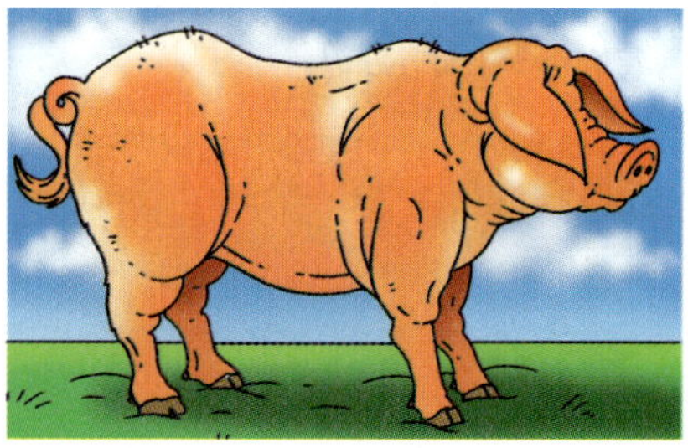

pigs have a corkscrew tail
les cochons ont la queue en tire-bouchon

a pigeon
[ˈpɪdʒɪn]
un pigeon

the pigeons are on the roof
les pigeons sont sur le toit

a pillow
[ˈpɪləʊ]
un oreiller

the pillow is on the bed
l'oreiller est sur le lit

pink
[pɪŋk]
rose

John often paints pink flamingoes
John peint souvent des flamands roses

1- What are they doing near the river ?
Que font-ils près de la rivière ?

2- Who is on the roof ?
Qui est sur le toit ?

3- What does John often paint ?
Qu'est-ce que John peint souvent ?

4- What can Bob play ?
De quoi Bob sait-il jouer ?

5- Who has a corkscrew tail ?
Qu'est-ce qui a la queue en tire-bouchon ?

6- What is on the bed ?
Qu'y-a-t-il sur le lit ?

a pirate
['paɪrət]
un pirate

sailors fear pirates
les marins craignent les pirates

a pizza
['piːtsə]
une pizza

pizza is an Italian speciality
la pizza est une spécialité italienne

a plane
[pleɪn]
un avion

Sam often travels by plane
Sam voyage souvent en avion

a plate
[pleɪt]
une assiette

Bob tries to carry a pile of plates
Bob essaie de porter une pile d'assiettes

a playground
[pleigraund]
une cour de récréation

the pupils are in the playground
les élèves sont dans la cour de récréation

a pocket
['pɒkɪt]
une poche

don't put your hands in your pockets
ne mets pas tes mains dans tes poches

1- What is an Italian speciality ?
Qu'est-ce qui est une spécialité italienne ?

2- What does Bob want to carry ?
Que veut porter Bob ?

3- Where shouldn't you put your hands ?
Où ne devrais-tu pas mettre tes mains ?

4- Who do sailors fear ?
Qui les marins craignent-ils ?

5- How does Sam often travel ?
Comment Sam voyage-t-il souvent ?

6- Where are the pupils ?
Où sont les élèves ?

a b c d e f g h i j k l m n o **p** q r s t u v w x y z

a pond

[pɒnd]

un étang

frogs live in the pond

les grenouilles vivent dans l'étang

a pony

[ˈpəuni]

un poney

the pony is a small horse

le poney est un petit cheval

a postman

[pəustm̩n]

un facteur

the postman delivers the mail

le facteur distribue le courrier

a potato

[pəˈteɪtəu]

une pomme de terre

the potatoes are in a basket

les pommes de terres sont dans un panier

pregnant

[ˈpregnənt]

être enceinte

Janet is pregnant

Janet est enceinte

a present

[prɪˈzent]

un cadeau

Robert often gives presents to Julie

Robert offre souvent des cadeaux à Julie

1- What is a small horse ?
Qu'est-ce qui est un petit cheval ?

2- What does Robert often give to Julie ?
Qu'est-ce que Robert offre souvent à Julie ?

3- What is in a basket ?
Qu'y-a-t-il dans le panier ?

4- Where do frogs live ?
Où vivent les grenouilles ?

5- Who delivers the mail ?
Qui distribue le courrier ?

6- How is Janet ?
Comment est Janet ?

positions

in front of
devant

behind
derrière

on
sur

in
dans

between
entre

over
dessus

under
dessous

across from
en face de

high
haut

low
bas

next to
à côté

outside
dehors

inside
à l'intérieur

right
droite

left
gauche

near
proche

far
loin

middle
milieu

1- Where is the goldfish ?
Où est le poisson rouge ?

2- Where is the bird on a branch for the girl ?
Où est l'oiseau sur la branche pour la fille ?

3-Where is the dog for the hunter ?
Où est le chien pour le chasseur ?

4- Where is the cat sleeping ?
Où le chat dort-il ?

5- Where are you when you start climbing ?
Où est-on quand on commence l'escalade ?

6- Where is the duck ?
Où est le canard ?

a b c d e f g h i j k l m n o p q r s t u v w x y z

a pumpkin

[ˈpʌmpkɪn]

une citrouille

a pumpkin is round and orange

un potiron est rond et orange

a pupil

[ˈpjuːpl]

un élève

the pupils are at school

les élèves sont à l'école

a puppy

[ˈpʌpɪ]

un chiot

puppies like playing together

les chiots aiment jouer ensemble

purple

[ˈpɜːpl]

violet

John is painting purple flowers

John peint des fleurs violettes

a pushchair

[ˈpʊʃtʃeər]

une poussette

the baby is in his pushchair

le bébé est dans sa poussette

pyjamas

[pəˈdʒɑːmə]

un pyjama

Tim always sleeps in his pyjamas

Tim dort toujours en pyjama

1- Who is at school ?
Qui est à l'école ?

2- What is John painting ?
Qu'est-ce que John peint?

3- How does Tim always sleep ?
Comment dort toujours Tim ?

4- What is round and orange ?
Qu'est-ce qui est rond et orange ?

5- Who likes playing together ?
Qu'est-ce qui aiment jouer ensemble ?

6- Where is the baby ?
Où est le bébé ?

a quarrel
[ˈkwɒrəl]
une dispute

Brian always quarrels with Tim
Brian se dispute toujours avec Tim

a quarter
[ˈkwɔːtər]
un quart

it is a quarter past two
il est deux heures et quart

a queen
[kwiːn]
une reine

Elizabeth II is the present queen
Elizabeth II est l'actuelle reine

a quetzal
[qɛtzal]
un quetzal

the quetzal is a beautiful bird
le quetzal est un bel oiseau

a queue
[kjuː]
une queue

the queue in front of the theatre is long
la queue devant le théâtre est longue

quick
[kwɪk]
vite

Sam runs quick to catch his train
Sam court vite pour attraper son train

1- What time is it ?
Quelle heure est-il ?

2- How must Sam run to catch his train ?
Comment doit courir Sam pour attraper son train ?

3- Which bird is beautiful ?
Qu'est-ce qui est un bel oiseau ?

4- What does Brian always do with Tim ?
Que fait toujours Brian avec Tim ?

5- Who is Elizabeth II ?
Qui est Elizabeth II ?

6- What is there in front of the theatre ?
Qu'y-a-t-il devant le théâtre ?

a b c d e f g h i j k l m n o p q r s t u v w x y z

a rabbit
[ˈræbɪt]
un lapin

the rabbit is a rodent
le lapin est un rongeur

a raccoon
[rəˈkuːn]
un raton laveur

raccoons like water
les ratons laveurs aiment l'eau

a racket
[ˈrækɪt]
une raquette

you play tennis with a racket
on joue au tennis avec une raquette

a radio
[ˈreɪdɪəʊ]
une radio

Jill listens to the radio every day
Jill écoute la radio tous les jours

a raft
[rɑːft]
un radeau

the survivors are on their raft
les survivants sont sur leur radeau

rain
[reɪn]
pluie

Vicky always sings in the rain
Vicky chante toujours sous la pluie

1- Who likes water ?
Qu'est-ce qui aime l'eau ?

2- What does Jill listen to every day ?
Qu'écoute Jill tous les jours ?

3- Where does Vicky always sing ?
Où Vicky chante-t-elle toujours ?

4- What is a rodent ?
Qu'est-ce qui est un rongeur ?

5- What do you play tennis with ?
Avec quoi joue-t-on au tennis ?

6- Where are the survivors ?
Où sont les survivants ?

a rainbow

[reinbəu]

un arc-en-ciel

the rainbow appears after the rain

l'arc-en-ciel vient après la pluie

a raspberry

[ˈrɑːzbərɪ]

une framboise

the raspberry is a delicious fruit

la framboise est un fruit délicieux

a rat

[ræt]

un rat

the rat is a rodent

le rat est un rongeur

read

[riːd]

lire

Bob often reads a book in his bed

Bob lit souvent un livre dans son lit

a record

[ˈrekɔːd]

un disque

Lucy collects old records

Lucy collectionne les vieux disques

a rectangle

[ˈrektæŋgl]

un rectangle

the teacher is showing a rectangle

le professeur montre un rectangle

1- What is a red fruit ?
Qu'est-ce qui est un fruit rouge ?

2- What does Bob often do in his bed ?
Qu'est-ce que Bob fait souvent dans son lit ?

3- What does the teacher show ?
Que montre le professeur ?

4- What appears after the rain ?
Qu'est-ce qu'il y a après la pluie ?

5- What is a rodent ?
Qu'est-ce qui est un rongeur ?

6- What does Lucy collect ?
Que collectionne Lucy ?

a b c d e f g h i j k l m n o p q r s t u v w x y z

a
b
c
d
e
f
g
h
i
j
k
l
m
n
o
p
q
r
s
t
u
v
w
x
y
z

red

[red]
rouge

John is painting red strawberries
John peint des fraises rouges

rice

[raɪs]
riz

Kate eats a bowl of rice every day
Kate mange un bol de riz tous les jours

right

[raɪt]
droite

Jill holds a tool in her right hand
Jill tient un outil dans sa main droite

a river

[ˈrɪvər]
une rivière

Greg fishes for trout in the river
Greg pêche la truite dans la rivière

a robot

[ˈrəʊbɒt]
un robot

the robot is a machine
le robot est une machine

rock

[rɒk]
rock

Bob's father is fond of rock bands
le père de Bob aime les groupes de rock

1- What does Kate eat every day ?
Qu'est-ce que Kate mange tous les jours ?

2- Where does Greg fish for trout ?
Où Greg pêche-t-il la truite ?

3- What is Bob's father fond of ?
Qu'est-ce qu'adore le père de Bob ?

4- What is John painting ?
Qu'est-ce que John peint ?

5- In which hand does Jill hold a tool ?
Dans quelle main Jill tient-elle un outil ?

6- What is a machine ?
Qu'est-ce qui est une machine ?

a rocket

[ˈrɒkɪt]

une fusée

the rocket goes into space

la fusée va dans l'espace

a roof

[ruːf]

un toit

Jill's house has a thatch roof

la maison de Jill a un toit de chaume

a rose

[rəʊz]

une rose

the rose is the emblem of England

la rose est l'emblème de l'Angleterre

round

[raʊnd]

rond

the teacher is showing a round object

le professeur montre un objet rond

rugby

[ˈrʌgbɪ]

rugby

they practise rugby every Sunday

ils s'entraînent au rugby tous les dimanches

a runner

[rʌnər]

un coureur

Maureen is a great runner

Maureen est une grande coureuse

1- **What is made of thatch ?**
Qu'est-ce qui est en chaume ?

2- **What is the emblem of England ?**
Quel est l'emblème de l'Angleterre ?

3- **Who is Maureen ?**
Qui est Maureen ?

4- **What goes into space ?**
Qu'est-ce qui va dans l'espace ?

5- **What is the teacher showing ?**
Qu'est-ce que montre le professeur ?

6- **What do they practise every Sunday ?**
À quoi s'entraînent-ils tous les dimanches ?

a b c d e f g h i j k l m n o p q r s t u v w x y z

sad

[sæd]

triste

Robert is often sad

Robert est souvent triste

a sailor

[seilɔr]

un marin

the sailor is on his boat

le marin est sur son bateau

sand

[sænd]

sable

children play with the sand

les enfants jouent avec le sable

a sandwich

[ˈsænwɪdʒ]

un sandwich

Pat and Jill are eating a sandwich

Pat et Jill mangent un sandwich

Saturday

[ˈsætadeɪ]

samedi

Bob goes fishing on Saturday

Bob va pêcher le samedi

a saxophone

[ˈsæksəfəʊn]

un saxophone

Joe can play the saxophone

Joe sait jouer du saxophone

1- Who is on the boat ?
Qui est sur le bateau ?

2- What are Pat and Jill eating ?
Que mangent Pat et Jill ?

3- What can Joe play ?
De quoi sait jouer Joe ?

4- How is Robert often ?
Comment est souvent Robert ?

5- What do children play with ?
Avec quoi jouent les enfants ?

6- When does Bob go fishing ?
Quand Bob va-t-il pêcher ?

a scale

[skeɪl]

une balance

Bob is weighing the fruit on the scale

Bob pèse les fruits sur la balance

a scar

[skɑːr]

une cicatrice

the pirates have many scars

les pirates ont beaucoup de cicatrices

a scarecrow

[skɛəkrəu]

un épouvantail

the scarecrow is in the field

l'épouvantail est dans le champ

a scarf

[skɑːf]

une écharpe

Tim wears a scarf around his neck

Tim porte une écharpe autour du cou

a school

[skuːl]

une école

pupils study at school

les élèves étudient à l'école

a schoolbag

[ˈskuːlbæg]

un cartable

pupils always carry a schoolbag

les élèves portent toujours un cartable

1- What do the pirates have ?
Qu'est-ce qu'ont les pirates ?

2- What does Tim wear around his neck ?
Que porte Tim autour du cou ?

3- Where do pupils study ?
Où les élèves étudient-ils ?

4- Where is Bob weighing the fruit ?
Où Bob pèse-t-il les fruits ?

5- What is there in the field ?
Qu'y-a-t-il dans le champ ?

6- What do pupils always carry ?
Que portent toujours les élèves ?

1- Where does the boy kick the ball about ?
Dans quoi le garçon tape-t-il du pied ?

2- What can you find in the dining hall ?
Qu'y-a-t-il dans le réfectoire ?

3- Where is the boy reading ?
Où le garçon lit-il ?

4- Where are the children talking ?
Où les enfants discutent-ils ?

5- What is your favourite place at school ?
Quel est ton endroit préféré à l'école ?

6- Where do you have to put old papers ?
Où doit-on mettre les vieux papiers ?

a b c d e f g h i j k l m n o p q r s t u v w x y z

1- How can you know the time ?
Qu'est-ce qui indique l'heure ?

2- Where do you put your school things ?
Dans quoi porte-t-on ses affaires de classe ?

3- Where do you tidy the books ?
Où sont rangés les livres ?

4- Which game is the girl playing ?
À quoi joue la petite fille ?

5- Name 3 pieces of furniture in the classroom.
Cite trois meubles dans la classe.

6- Where is the date written ?
Où est écrite la date ?

to listen
écouter

to do homework
faire ses devoirs

to draw
dessiner

to play marbles
jouer aux billes

to run
courir

to read
lire

to write
écrire

to answer
répondre

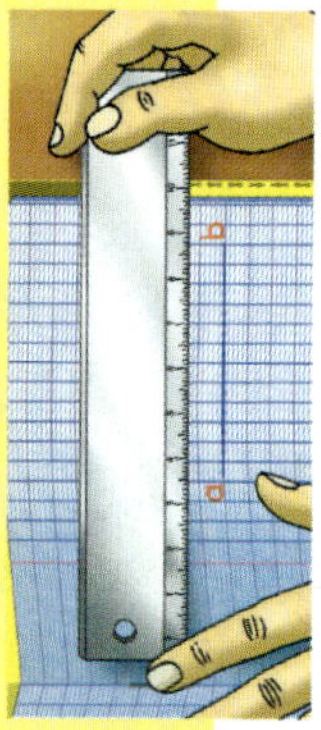

to measure
mesurer

to tidy
ranger

to line up
se mettre en rang

to whisper
chuchoter

to count
compter

to sing
chanter

1- Why do you use a ruler ?
À quoi sert une règle ?

2- What do you do before getting in the classroom ?
Que fait-on avant d'entrer en classe ?

3- Why do you use a pen ?
À quoi sert un stylo ?

4- What do you do when the teacher is speaking ?
Que fait-on quand la maîtresse parle ?

5- What do you do in a choir ?
Que fait-on dans une chorale ?

6- What do you do when you get back home ?
Que fait-on en rentrant le soir ?

scissors

['sɪzərz]

des ciseaux

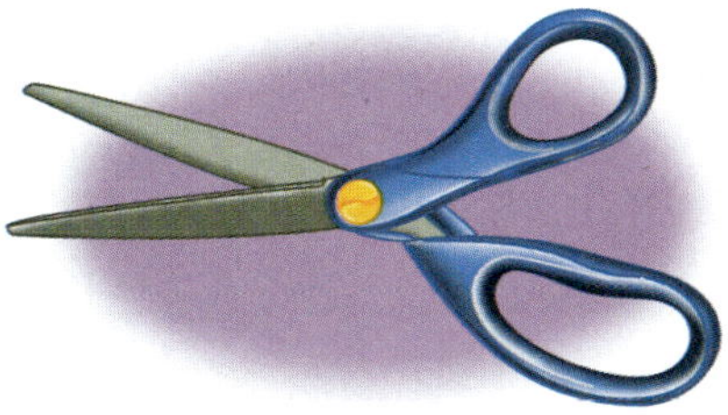

pupils need a pair of scissors

les élèves ont besoin d'une paire de ciseaux

a scratch

[skrætʃ]

une égratignure

Jim is covered with scratches

Jim est couvert d'égratignures

sea

[siː]

mer

birds fly above the sea

les oiseaux volent au-dessus de la mer

a seal

[siːl]

un phoque

the seal is a marine mammal

le phoque est un mammifère marin

a season

['siːzn]

une saison

there are four seasons in a year

il y a quatre saisons dans une année

September

[sep'tembər]

septembre

school starts again in September

la rentrée des classes a lieu en septembre

1- What is Jim covered with ?
De quoi est couvert Jim ?

2- What is a marine mammal ?
Qu'est-ce qui est un mammifère marin ?

3- When does school start again ?
Quand a lieu la rentrée des classes ?

4- What do pupils need ?
De quoi ont besoin les élèves ?

5- Where do birds fly ?
Où les oiseaux volent-ils ?

6- What is there in a year ?
Qu'y-a-t-il dans une année ?

a b c d e f g h i j k l m n o p q r s t u v w x y z

seven

[ˈsevn]

sept

MONDAY
TUESDAY
WEDNESDAY
THURSDAY
FRIDAY
SATURDAY
SUNDAY

there are seven days in a week

il y a sept jours dans la semaine

seventeen

[ˈsevnˈtiːn]

dix-sept

there are seventeen candies

il y a dix-sept bonbons

a shadow

[ˈʃædəʊ]

une ombre

Tom's shadow is on the wall

l'ombre de Tom est sur le mur

a shark

[ʃɑːk]

un requin

sharks live in warm seas

les requins vivent dans les mers chaudes

a sheep

[ʃiːp]

un mouton

a shepherd takes care of sheep

le berger garde les moutons

a shirt

[ʃɜːt]

une chemise

Alex often wears a nice shirt

Alex porte souvent une belle chemise

1- How many candies are there ?
Combien y-a-t-il de bonbons ?

2-Who lives in warm seas ?
Qu'est-ce qui vit dans les mers chaudes ?

3- What does Alex often wear ?
Qu'est-ce que porte souvent Alex ?

4- How many days are there in a week ?
Combien y-a-t-il de jours dans une semaine ?

5- What is on the wall ?
Qu'est-ce qui est sur le mur ?

6- What does a shepherd take care of ?
Qu'est-ce qui garde le berger ?

a shoe
[ʃuː]
une chaussure

John has got new shoes
John a des chaussures neuves

a shower
[ˈʃəʊər]
une douche

Leila always sings in the shower
Leila chante toujours sous la douche

a shutter
[ʃʌtər]
un volet

Arthur wants to close the shutters
Arthur veut fermer les volets

sick
[sɪk]
malade

Bill is sick when he eats too much
Bill est malade quand il mange trop

a sign
[saɪn]
un signal

the Indians make smoke signs
les indiens font des signaux de fumée

a singer
[ˈsiŋə]
un chanteur

my brother is a good singer
mon frère est un bon chanteur

1- Where does Leila always sing ?
Où Leila chante-t-elle toujours ?

2- How is Bill when he eats too much ?
Comment se sent Bill quand il mange trop ?

3- Who is your brother ?
Qui est ton frère ?

4- What has John got ?
Qu'est-ce que possède John ?

5- What does Arthur want to close ?
Qu'est-ce qu'Arthur veut fermer ?

6- What do the Indians make ?
Qu'est-ce que font les indiens ?

a b c d e f g h i j k l m n o p q r s t u v w x y z

six

[sɪks]
six

there are six apples
il y a six pommes

sixteen

[siks'tiːn]
seize

there are sixteen crabs
il y a seize crabes

a skateboard

[skeitbɔːd]
une planche à roulettes

Mike loves skateboarding
Mike aime faire de la planche à roulette

ski

[skiː]
ski

Tom is skiing down the slope
Tom descend la pente en ski

a skirt

[skɜːt]
une jupe

Jennifer often wears a skirt
Jennifer porte souvent une jupe

sky

[skaɪ]
ciel

birds fly in the sky
les oiseaux volent dans le ciel

1- How many crabs are there ?
Combien y-a-t-il de crabes ?

2- What is Tom doing ?
Que fait Tom ?

3- Where do birds fly ?
Où les oiseaux volent-ils ?

4- How many apples are there ?
Combien y-a-t-il de pommes ?

5- What does Mike love doing ?
Qu'est-ce que Mike aime faire ?

6- What does Jennifer often wear ?
Qu'est-ce que Jennifer porte souvent ?

a slide

[slaɪd]

un toboggan

the children often play on the slide

les enfants font souvent du toboggan

slow

[sləʊ]

lent

Kate is slow but careful

Kate est lente mais prudente

a smell

[smel]

une odeur

Roy can't stand the smell of fish

Roy ne supporte pas l'odeur du poisson

smoke

[sməʊk]

fumée

the smoke goes out of the chimney

la fumée sort de la cheminée

a snail

[sneɪl]

un escargot

snails hide in their shells

les escargots se cachent dans leur coquille

a snake

[sneɪk]

un serpent

the snake is a reptile

le serpent est un reptile

1- How is Kate ?
Comment est Kate ?

2- What goes out of the chimney ?
Qu'est-ce qui sort de la cheminée ?

3- What hides in its shell ?
Qu'est-ce qui se cache dans sa coquille ?

4- What do the children often do ?
Que font souvent les enfants ?

5- What can't Roy stand ?
Qu'est-ce que Roy ne supporte pas?

6- What is a reptile ?
Qu'est-ce qui est un reptile ?

a b c d e f g h i j k l m n o p q r s t u v w x y z

a b c d e f g h i j k l m n o p q r s t u v w x y z

snow

[snəʊ]

neige

snow sometimes falls in winter

la neige tombe parfois en hiver

a snowman

[snəumn̩]

un bonhomme de neige

the children made a snowman

les enfants ont fait un bonhomme de neige

soap

[səʊp]

savon

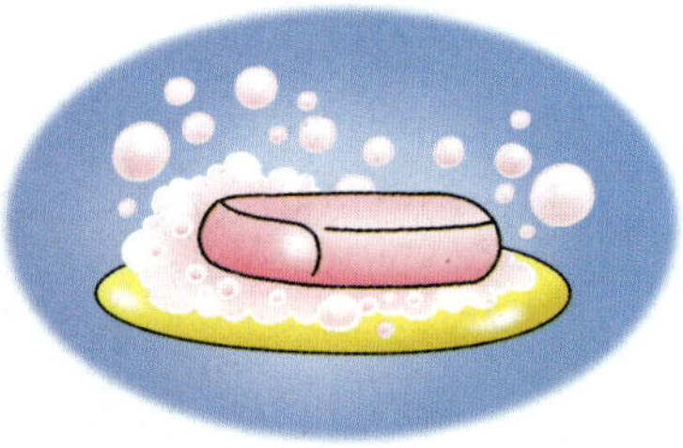

you have to wash with soap

on doit se laver avec du savon

a sock

[sɒk]

une chaussette

Jenny often wears blue socks

Jenny porte souvent des chaussettes bleues

a sofa

[ˈsəʊfə]

un canapé

Bob and Jill are on the sofa

Bob et Jill sont sur le canapé

soft

[sɒft]

doux

the baby's skin is soft

la peau de Bébé est douce

1- What did the children make ?
Qu'est-que les enfants ont fait ?

2- What does Jenny often wear ?
Qu'est-ce que Jenny porte souvent ?

3- How is the baby's skin ?
Comment est la peau de Bébé ?

4- What sometimes falls in winter ?
Qu'est-ce qui tombe parfois en hiver ?

5- What do you have to wash with ?
Avec quoi doit-on se laver ?

6- Where are Bob and Jill ?
Où sont Bob et Jill ?

a soldier
['səʊldʒər]
un soldat

Mark is a soldier
Mark est soldat

south
[saʊθ]
sud

Antarctica is in the south of the Earth
l'antarctique est au sud de la terre

a sparrow
['spærəʊ]
un moineau

the sparrow is a bird
le moineau est un oiseau

a spider
['spaɪdər]
une araignée

the spider has eight hairy legs
l'araignée a huit pattes velues

spinach
['spɪnɪdʒ]
épinard

children hate spinach
les enfants détestent les épinards

a sponge
[spʌndʒ]
une éponge

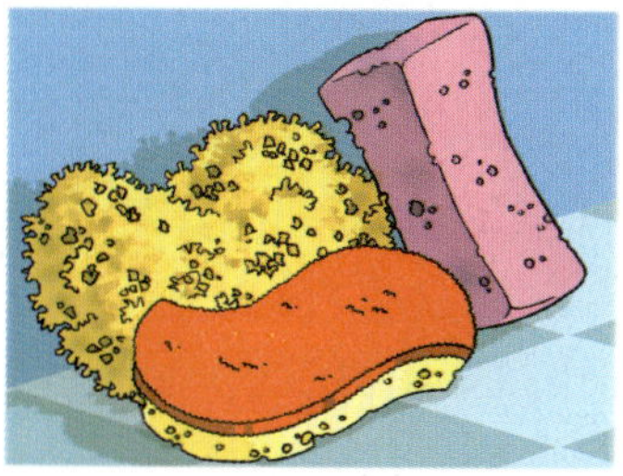

you need sponges to wash
les éponges servent à laver

1- Where is Antarctica ?
Où se trouve l'Antarctique ?

2- Who has eight hairy legs ?
Qu'est-ce qui a huit pattes velues ?

3- What do you need to wash ?
De quoi a-t-on besoin pour laver ?

4- Who is Mark ?
Qui est Mark ?

5- What is a bird ?
Qu'est-ce qui est un oiseau ?

6- What do children hate ?
Qu'est-ce que détestent les enfants ?

a spoon
[spuːn]
une cuillère

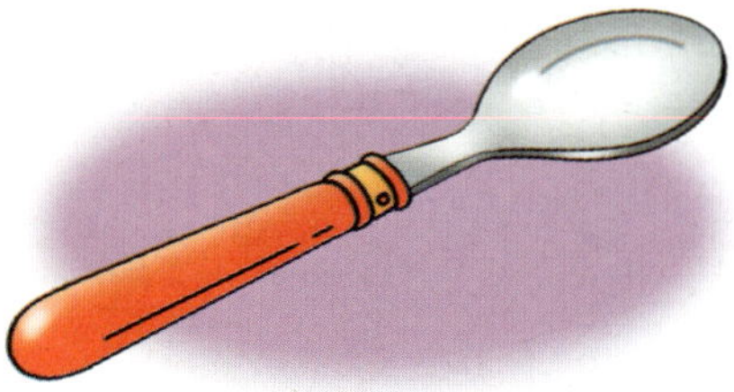

we eat soup with a spoon
on mange la soupe avec une cuillère

spring
[sprɪŋ]
printemps

spring is the first season of the year
le printemps est la 1ère saison de l'année

a square
[skweər]
un carré

the teacher is showing a square
le professeur montre un carré

a squirrel
['skwɪrəl]
un écureuil

squirrels eat nuts
les écureuils mangent des noisettes

a stadium
['steɪdjəm]
un stade

John plays football in a stadium
John joue au football dans un stade

stairs
[stɛə']
escalier

the children are on the stairs
les enfants sont dans les escaliers

1- Which is the first season of the year ?
Quelle est la 1ère saison de l'année ?

2- Who eats nuts ?
Qu'est-ce qui mange des noisettes ?

3- Where are the children ?
Où sont les enfants ?

4- What do you need to eat soup ?
Avec quoi mange-t-on la soupe ?

5- What is the teacher showing ?
Qu'est-ce que montre le professeur ?

6- Where does John play football ?
Où John joue-t-il au football ?

a stamp

[stæmp]

timbre

Eric has a big stamp collection

Eric a une grande collection de timbres

stand

[stænd]

se tenir debout

the baby can stand alone

le bébé peut se tenir debout seul

a star

[stɑːr]

étoile

stars shine in the sky

les étoiles brillent dans le ciel

a station

[ˈsteɪʃn]

gare

you take the train at the station

on prend le train à la gare

a statue

[ˈstætʃuː]

statue

the statue of liberty is in New York

la statue de la liberté est à New York

a stewardess

[ˈstjʊədes]

hôtesse

Lucy wants to become a stewardess

Lucie veut devenir hôtesse de l'air

1- What can the baby do ?
Que peut faire le bébé seul ?

2- Where do you take the train ?
Où doit-on prendre le train ?

3- What does Lucy want to become ?
Que veut devenir Lucy ?

4- What does Eric have ?
Qu'est-ce que Eric a ?

5- What shines in the sky ?
Qu'est-ce qui brille dans le ciel ?

6- What is in New York ?
Que trouve t-on à New York ?

a b c d e f g h i j k l m n o p q r s t u v w x y z

handball
handball

football
football

baseball
base-ball

archery
tir à l'arc

rugby
rugby

tennis
tennis

volleyball
volley-ball

skateboarding
planche à roulettes

boxing
boxe

judo
judo

skating
patinage

1- **What is your favourite sport ?**
Quel est ton sport préféré ?

2- **For which sport do you use a racket ?**
Dans quel sport utilise-t-on une raquette ?

3- **When must you wear a kimono ?**
Quand doit-on mettre un kimono ?

4- **For which sport do you use a bow ?**
Dans quel sport utilise-t-on un arc ?

5- **What is the most popular sport in France ?**
Quel est le sport le plus populaire en France ?

6- **Name two inside sports.**
Cite deux sports d'intérieur.

swimming
natation

to kayak
faire du kayak

lettes

water polo
water-polo

ice hockey
hockey sur glace

gymnastic
gymnastique

hurdles
course d'obstacle

weight lifting
althérofilie

running
la course

cycling
cyclisme

mechanical sport
sport mécanique

1- In which sport do you lift heavy weights ?
Dans quel sport soulève-t-on des poids lourds ?

2- In which sport do you have to run and jump ?
Dans quel sport doit-on courir et sauter ?

3- What sport uses apparatuses ?
Quel sport utilise les agrès ?

4- What sport can you practise if you like water ?
Quel sport pratique-t-on si on aime l'eau ?

5- Name three outside sports.
Cite trois sports d'extérieur.

6- Which sport would you never practise ?
Quel sport ne pratiqueras-tu jamais ?

a stone

[stəʊn]
une pierre

the walls are made of stone
les murs sont faits de pierre

a stool

[stuːl]
un tabouret

you can sit on a stool
on peut s'asseoir sur un tabouret

a storm

[stɔːm]
une tempête

a storm can uproot trees
une tempête peut déraciner les arbres

a strawberry

[ˈstrɔːbərɪ]
une fraise

a strawberry is a pulpy fruit
une fraise est un fruit charnu

a strike

[straɪk]
une grève

the workers are on strike
les ouvriers sont en grève

strong

[strɒŋ]
fort

Denis is a strong boy
Denis est fort

1- Where can you sit ?
Où peut-on s'asseoir ?

2- What is a pulpy fruit ?
Qu'est-ce qui est un fruit charnu ?

3- How is Denis ?
Comment est Denis ?

4- What are the walls made of ?
De quoi les murs sont-ils faits ?

5- What can uproot trees ?
Qu'est-ce qui peut déraciner les arbres ?

6- What are the workers doing ?
Qu'est-ce qui arrive aux ouvriers ?

a submarine

[ˌsʌbməˈriːn]

un sous-marin

Daddy works in a submarine

Papa travaille dans un sous-marin

sugar

[ˈʃʊgər]

un sucre

Carol puts sugar in her coffee

Carol met du sucre dans son café

a suit

[suːt]

un costume

David is very elegant in his suit

David est très élégant dans son costume

a suitcase

[ˈsuːtkeɪs]

une valise

the clothes are in the suitcase

les vêtements sont dans la valise

summer

[ˈsʌmər]

été

the weather is sunny in summer

il fait soleil en été

sun

[sʌn]

soleil

the sun often shines in the sky

le soleil brille souvent dans le ciel

1- What does Carol always put in her coffee?
Que met toujours Carol dans son café?

2- Where are the clothes ?
Où sont les vêtements ?

3- When is the weather sunny ?
Quand fait-il soleil ?

4- Where does Daddy work ?
Où travaille Papa ?

5- What does David wear ?
Qu'est-ce que porte David ?

6- What often shines in the sky ?
Qu'est-ce qui brille souvent dans le ciel ?

Sunday
['sʌndeɪ]
dimanche

Sunday is the last day of the week
dimanche est le dernier jour de la semaine

a sunflower
['sʌnflaʊər]
un tournesol

you make oil with sunflowers
on fait de l'huile avec les tournesols

a swimming pool
[swɪmɪŋpuːl]
une piscine

Paul swims at the swimming pool
Paul nage à la piscine

a swimsuit
[swimsjuːt]
un maillot de bain

Tina has a pink swimsuit
Tina a un maillot de bain rose

a swing
[swɪŋ]
une balançoire

Mike often plays on the swing
Mike joue souvent sur la balançoire

a sword
[sɔːd]
une épée

the pirates are fighting with a sword
les pirates se battent avec une épée

1- What do you make oil with ?
Avec quoi fait-on de l'huile ?

2- What does Tina have ?
Qu'est-ce que Tina a ?

3- What are the pirates fighting with ?
Avec quoi se battent les pirates ?

4- What is the last day of the week ?
Quel est le dernier jour de la semaine ?

5- Where does Paul swim ?
Où Paul nage-t-il?

6- Where does Mike often play ?
Où Mike joue-t-il souvent ?

a table
[ˈteɪbl]
une table

the plates are on the table
les assiettes sont sur la table

a tablecloth
[ˈteɪblklɒθ]
une nappe

Mum likes nice tablecloths
Maman aime les jolies nappes

a tail
[teɪl]
une queue

many animals have a tail
de nombreux animaux ont une queue

a taxi
[ˈtæksɪ]
un taxi

Bob takes a taxi instead of walking
Bob prend un taxi au lieu de marcher

tea
[tiː]
thé

Jill drinks a cup of tea every day
Jill boit une tasse de thé tous les jours

a team
[tiːm]
une équipe

the football team is victorious
l'équipe de football est victorieuse

1- What does Mum like ?
Qu'est-ce que Maman aime ?

2- What does Bob do instead of walking ?
Que prend Bob au lieu de marcher ?

3- Who is victorious ?
Qu'est-ce qui est victorieux ?

4- Where are the plates ?
Où sont les assiettes ?

5- What do many animals have ?
Qu'est-ce que de nombreux animaux ont ?

6- What does Jill drink every day ?
Que boit Jill tous les jours ?

a b c d e f g h i j k l m n o p q r s t u v w x y z

a tear

[teər]

une larme

Jane has to wipe her tears

Jane doit essuyer ses larmes

a teddy bear

['tedɪbeər]

un ours en peluche

Tim still keeps his teddy bears

Tim garde toujours ses ours en peluche

a teeshirt

['tiːʃɜːt]

un tee-shirt

Cathy often wears a teeshirt

Cathy porte souvent un tee-shirt

teeth

[tuːθ]

les dents

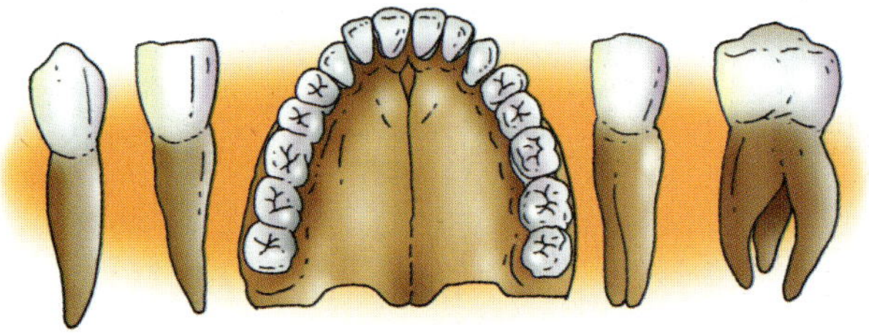

you must brush your teeth

il faut se brosser les dents

a telephone

['telɪfəʊn]

un téléphone

my mother is on the telephone

ma mère est au téléphone

a television

['telɪvɪʒn]

une télévision

Bill is watching television

Bill regarde la télévision

1- What does Tim still keep ?
Qu'est-ce que Tim garde toujours ?

2- What must you brush ?
Que doit-on se brosser ?

3- What is Bill watching ?
Qu'est-ce que Bill regarde ?

4- What does Jane have to wipe ?
Qu'est ce que Jane doit essuyer ?

5- What does Cathy often wear ?
Que porte souvent Cathy ?

6- Where is your mother ?
Où est ta mère ?

ten
[ten]
dix

there are ten cards
il y a dix cartes

a tent
[tent]
une tente

the campers sleep in a tent
les campeurs dorment sous une tente

thirteen
[ˈθəːˈiːn]
treize

there are thirteen apples
il y a treize pommes

thirsty
[ˈθɜːstɪ]
soif

Jeff is really thirsty
Jeff a vraiment soif

three
[θriː]
trois

there are three butterflies
il y a trois papillons

Thursday
[ˈθɜːzdeɪ]
jeudi

Tom goes to school on Thursday
Tom va à l'école le jeudi

1- Where do the campers sleep ?
Où dorment les campeurs ?

2- How is Jeff ?
Qu'a vraiment Jeff ?

3- When does Tom go to school ?
Quand Tom va-t-il à l'école ?

4- How many cards are there ?
Combien y-a-t-il de cartes ?

5- How many apples are there ?
Combien y-a-t-il de pommes ?

6-How many butterflies are there ?
Combien y-a-t-il de papillons ?

time

what time is it ? - quelle heure est-il ?

midday	half past two	three o'clock	quarter to midday	quarter past six	midnight
midi	deux heures et demie	trois heures	midi moins le quart	six heures et quart	minuit

the days of the week - les jours de la semaine

Monday	Tuesday	Wednesday	Thursday	Friday	Saturday	Sunday
lundi	mardi	mercredi	jeudi	vendredi	samedi	dimanche

the months and the seasons - les mois et les saisons

December - décembre
January - janvier
February - février
March - mars

winter - hiver

April - avril
May - mai
June - juin
July - juillet

spring - printemps

August - août
September - septembre
October - octobre
November - novembre

summer - été
autumn - automne

1- When is lunch time ?
Quelle est l'heure du déjeuner ?

2- Name each day of the week.
Cite tous les jours de la semaine.

3- What are the winter months ?
Quels sont les mois d'été ?

4- When does the snow fall ?
Quand neige-t-il ?

5- In which season do the leaves fall ?
En quelle saison les feuilles tombent-elles ?

6- What are the summer holiday months ?
Quels sont les mois des grandes vacances ?

a tiger
['taɪgər]
un tigre

the tiger is a carnivorous feline
le tigre est un félin carnivore

a toad
[təʊd]
un crapaud

a toad eats insects
le crapaud mange des insectes

a tomato
[tə'mɑːtəʊ]
une tomate

the tomato is a red pulpy fruit
la tomate est un fruit rouge et pulpeux

a tool
[tuːl]
un outil

the hammer and the saw are tools
le marteau et la scie sont des outils

a towel
['taʊəl]
une serviette

you dry your hands with a towel
on s'essuit les mains avec une serviette

a toy
[tɔɪ]
un jouet

Alice has lots of toys
Alice a beaucoup de jouets

1- Who eats insects ?
Qu'est-ce qui mange des insectes ?

2- What are the hammer and the saw ?
Qu'est-ce que sont le marteau et la scie ?

3- What does Alice have ?
Qu'est-ce qu'a Alice ?

4- Who is a carnivorous feline ?
Qu'est-ce qui est un félin carnivore ?

5- What is a red pulpy fruit ?
Qu'est-ce qui est un fruit rouge et pulpeux ?

6- What do you dry your hands with ?
Comment s'essuie-t-on les mains ?

a
b
c
d
e
f
g
h
i
j
k
l
m
n
o
p
q
r
s
t
u
v
w
x
y
z

1- What is the quickest means of transport ?
Quel est le transport le plus rapide ?

2- What means of transport do you usually take ?
Quel moyen de transport prends-tu habituellement ?

3- What do you take to travel by sea ?
Que prend-on pour voyager par mer ?

4- What vehicle has a towing ?
Quel véhicule a une remorque ?

5- Name two public transports.
Cite deux transports publics.

6- What is an underground transport ?
Qu´est-ce qui est un transport souterrain ?

1- What means of transport do you never take ?
Quel moyen de transport n'as-tu jamais pris ?

2- Name a two-wheeler vehicle.
Qu'est-ce qui est un véhicule à deux roues ?

3- What carries cardboard boxes ?
Qu'est-ce qui transporte des cartons ?

4- Name a commercial vehicle.
Cite un véhicule commercial.

5- What do you take at the station ?
Que prend-t-on à la gare ?

6- What is your favourite means of transport ?
Quel est ton moyen de transport préféré ?

a train

[treɪn]

un train

Granny always travels by train

Mamie voyage toujours en train

trainers

[ˈtreɪnəz]

baskets

Stacy often wears trainers

Stacy porte souvent des baskets

a tree

[triː]

un arbre

the oak is a tree

le chêne est un arbre

a triangle

[ˈtraɪæŋgl]

un triangle

the teacher is showing a triangle

le professeur montre un triangle

trousers

[ˈtraʊzez]

un pantalon

boys wear trousers

les garçons portent un pantalon

a truck

[trʌk]

un camion

Bob is the driver of a big truck

Bob est le chauffeur d'un gros camion

1- What does Stacy often wear ?
Qu'est-ce que porte souvent Stacy ?

2- What is the teacher showing ?
Qu'est-ce que le professeur montre ?

3- What does Bob drive ?
Qu'est-ce que conduit Bob ?

4- How does Granny always travel ?
Comment Mamie voyage-t-elle toujours ?

5- What is an oak ?
Qu'est-ce que le chêne ?

6- What do boys wear ?
Qu'est-ce que portent les garçons ?

Tuesday

[ˈtjuːzdeɪ]

mardi

Tuesday is the second day of the week

mardi est le deuxième jour de la semaine

a turtle

[ˈtɜːtl]

une tortue

turtles live in a shell

les tortues vivent dans une carapace

twelve

[twelv]

douze

there are twelve bulbs

il y a douze ampoules

twenty

[ˈtwenti]

vingt

there are twenty dinosaurs

il y a vingt dinosaures

a twin

[twɪn]

un jumeau

Tim and Tom are twin brothers

Tim et Tom sont des frères jumeaux

two

[tuː]

deux

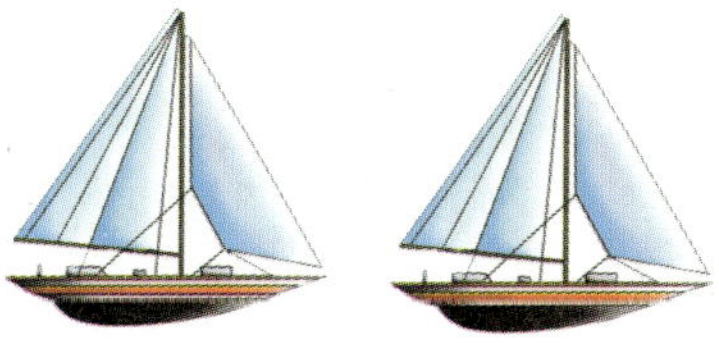

there are two boats

il y a deux bateaux

1- Who lives in a shell ?
Qu'est-ce qui vit dans une carapace ?

2- How many dinosaurs are there ?
Combien y-a-t-il de dinosaures ?

3- How many boats are there ?
Combien y-a-t-il de bateaux ?

4- What is the second day of the week ?
Quel est le deuxième jour de la semaine ?

5- How many bulbs are there ?
Combien y-a-t-il d'ampoules ?

6- Who are Tim and Tom ?
Qui sont Tim et Tom ?

an umbrella

[ʌmˈbrelə]

un parapluie

an umbrella protects from the rain

un parapluie protège de la pluie

under

[ˈʌndər]

sous

the cat is under the table

le chat est sous la table

unemployment

[ˌʌnɪmˈplɔɪmənt]

chômage

Peter has to face unemployment

Peter doit faire face au chômage

a unicorn

[ˈjuːnɪkɔːn]

une licorne

the unicorn is an imaginary animal

la licorne est un animal imaginaire

a uniform

[ˈjuːnɪfɔːm]

un uniforme

soldiers wear a uniform

les soldats portent un uniforme

universe

[ˈjuːnɪvɜːs]

univers

the universe is huge

l'univers est immense

1- Where is the cat ?
Où est le chat ?

2- What is an imaginary animal ?
Qu'est-ce qui est un animal imaginaire ?

3- What is huge ?
Qu'est-ce qui est immense ?

4- What protects from the rain ?
Qu'est-ce qui protège de la pluie ?

5- What must Peter face ?
À quoi Peter doit-il faire face ?

6- What do soldiers wear ?
Qu'est-ce que portent les soldats ?

vanilla

[vəˈnɪlə]

vanille

some ice cream is vanilla flavoured

certaines glaces sont à la vanille

a vase

[vɑːz]

un vase

the fresh flowers are in the vase

les nouvelles fleurs sont dans le vase

a vegetable

[ˈvedʒtəbl]

un légume

Anne buys vegetables at the market

Anne achète des légumes au marché

a vet

[vet]

un vétérinaire

Tom wants to become a vet

Tom veut devenir vétérinaire

a victory

[ˈvɪktərɪ]

une victoire

the victory belongs to these soldiers

la victoire appartient à ces soldats

a village

[ˈvɪlɪdʒ]

un village

Lisa lives in a beautiful village

Lisa vit dans un beau village

1- Where are the fresh flowers ?
Où sont les nouvelles fleurs ?

2- What does Tom want to become ?
Que veut devenir Tom ?

3- Where does Lisa live ?
Où vit Lisa ?

4- What flavour is some ice cream ?
Comment sont certaines glaces ?

5- What does Anne buy at the market ?
Qu'est-ce qu'achète Anne au marché ?

6- What belongs to the soldiers ?
Qu'est-ce qui appartient aux soldats ?

a b c d e f g h i j k l m n o p q r s t u v w x y z

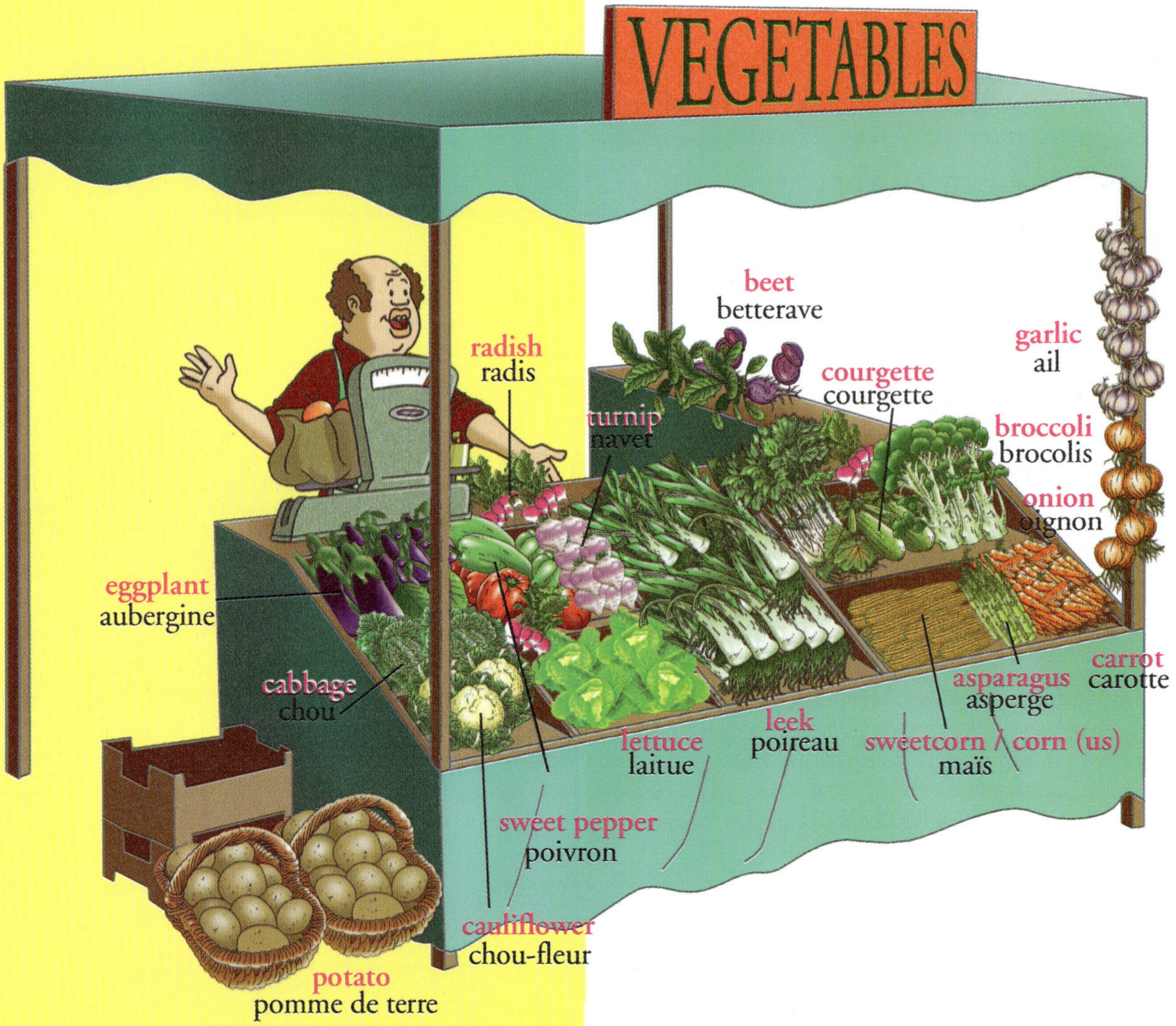

1- Which vegetable do you use to make chips ?
Quel légume utilise-t-on pour faire les frites ?

2- Name vegetables you eat cooked.
Cite les légumes que l'on mange cuit.

3- Which vegetable do you hate the most ?
Quel légume détestes-tu le plus ?

4- Name vegetables you eat uncooked.
Cite les légumes que l'on mange crus.

5- What is your favourite vegetable ?
Quel est ton légume préféré ?

6- Which vegetable can be grated ?
Quel légume peut être rapé ?

vinegar

['vɪnɪgər]

vinaigre

you need vinegar for the dressing

on a besoin de vinaigre pour l'assaisonnement

a violin

[ˌvaɪəˈlɪn]

un violon

the violin is a stringed instrument

le violon est un instrument à cordes

a volcano

[vɒlˈkeɪnəʊ]

un volcan

some volcanoes are still active

certains volcans sont encore en activité

volleyball

[ˈvɒlɪbɔːl]

volley-ball

they play volleyball on Sundays

ils jouent au volley-ball le dimanche

vote

[vəʊt]

vote

every citizen's vote is important

le vote de chaque citoyen est important

a vulture

[ˈvʌltʃər]

un vautour

the vulture is a bird

le vautour est un oiseau

1- What is a stringed instrument ?
Qu'est-ce qui est un instrument à cordes ?

2- What do they do on Sundays ?
Que font-ils le dimanche ?

3- What is a bird ?
Qu'est-ce qui est un oiseau ?

4- What do you need for the dressing ?
De quoi a-t-on besoin pour l'assaisonnement ?

5- What is still active ?
Qu'est-ce qui est encore en activité ?

6- What is important ?
Qu'est-ce qui est important ?

a b c d e f g h i j k l m n o p q r s t u v w x y z

a b c d e f g h i j k l m n o p q r s t u v **w** x y z

walk

[wɔːk]

marcher

they are walking in the forest

ils marchent dans la forêt

a walkman

[wɔːkmn̩]

un baladeur

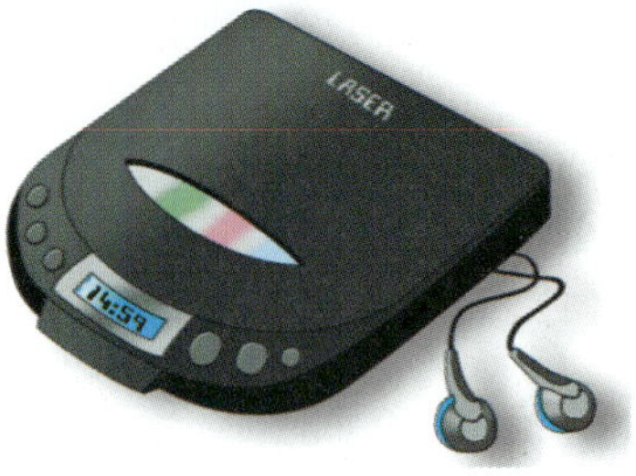

Tim wants to buy a walkman

Tim veut acheter un baladeur

a wall

[wɔːl]

un mur

Vanessa is against the wall

Vanessa est contre le mur

a wardrobe

[ˈwɔːdrəʊb]

une armoire

you tidy clothes in a wardrobe

on range les vêtements dans une armoire

washing-up

[wɔʃingʌp]

vaisselle

Mum is doing the washing-up

Maman fait la vaisselle

a watch

[wɒtʃ]

une montre

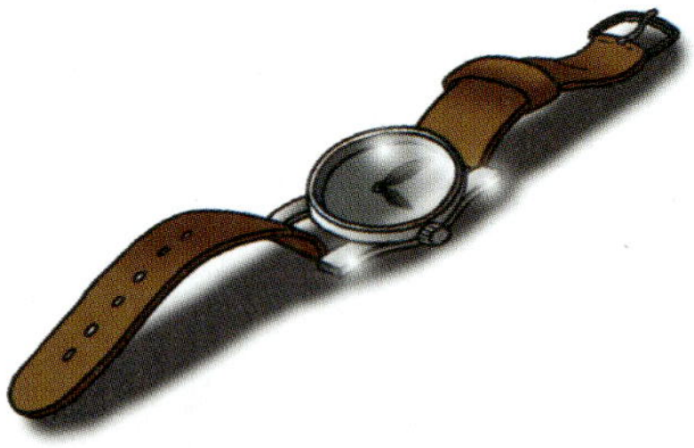

you can read time on your watch

on peut lire l'heure sur sa montre

1- What does Tim want to buy ?
Qu'est-ce que Tim veut acheter ?

2- Where do you tidy clothes ?
Où range-t-on les vêtements ?

3- Where can you read time ?
Où peut-on lire l'heure ?

4- What are they doing in the forest ?
Que font-ils dans la forêt ?

5- Where is Vanessa ?
Où est Vanessa ?

6- What does Mum do ?
Qu'est-ce que Maman fait ?

water

[ˈwɔːtər]

eau

Bob drinks water when he is thirsty

Bob boit de l'eau quand il a soif

a wave

[weɪv]

une vague

many children like waves

beaucoup d'enfants aiment les vagues

a wedding

[ˈwedɪŋ]

un mariage

a wedding is a great event

le mariage est un grand événement

Wednesday

[ˈwenzdeɪ]

mercredi

Tim plays football on Wednesdays

Tim joue au football le mercredi

west

[west]

ouest

America is on the west side of Europe

l'Amérique est à l'ouest de l'Europe

a whale

[weɪl]

une baleine

the whale is a marine mammal

la baleine est un mamifère marin

1- What do many children like ?
Qu'est-ce qu'aiment beaucoup d'enfants ?

2- When does Tim play football ?
Quand Tim joue-t-il au football ?

3- What is a marine mammal ?
Qu'est-ce qui est un mamifère marin ?

4- What does Bob drink when he is thirsty ?
Qu'est-ce que boit Bob quand il a soif ?

5- What is a great event ?
Qu'est-ce qui est un grand événement ?

6- Where is America ?
Où est l'Amérique ?

a b c d e f g h i j k l m n o p q r s t u v w x y z

the English and American currencies
les monnaies anglaises et américaines

the english currency
la monnaie anglaise
the pound : la livre

£1

£1= 100 pence

the american currency
la monnaie américaine
the dollar : le dollar

$1

$1=100 cents

the different currencies that you can see les différentes pièces que vous pouvez rencontrer

50 pence - 20 pence - 10 pence - 5 pence - 2 pence
1 penny - 1/2 penny - a half penny

a quarter : 25 cents - a dime : 10 cents
a nickel : 5 cents

English and American units of weights and measures
les unités de poids et de mesures anglaises et américaines

1 gallon
GB=4,551 l
US=3,7851 l

1 quart : 2 pintes
GB=1,136 l
US=0,941 l

1 pint
GB=0,571 l
US=0,471 l

an ounce
(oz)
one once : 28,35g

a pound
(lb)
16 oz : une livre

a stone
14 lb : 6,348 kg

I drink 1 pint of water
Je bois 1/2 litre d'eau

this package weighs : 7 stones (UK)
or 103 pounds (USA)
ce paquet pèse 44,44 kg

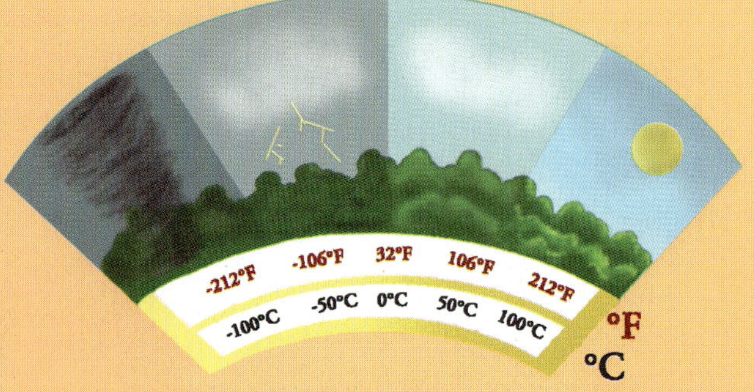

degrees Fahrenheit / °F les degrés Farhrenheit
degrees Celcius / °C les degrés Celcius

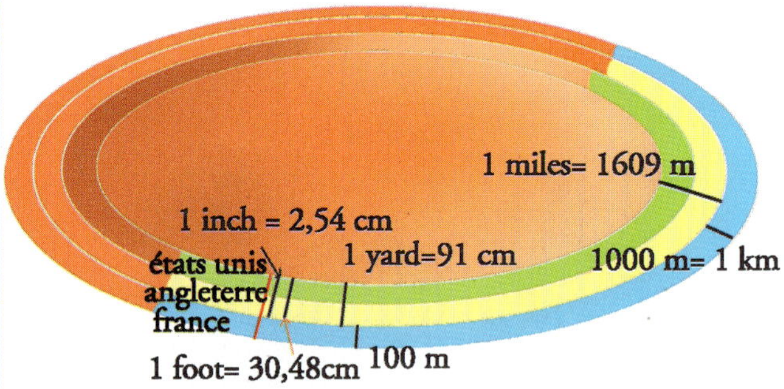

1 mile = 1609 m
1 yard = 91 cm
1 foot = 30,48 cm
1 inch = 2,54 cm

1- What is the name of the English currency ?
Comment s'appelle la monnaie anglaise ?

2- What is the name of the American currency ?
Comment s'appelle la monnaie américaine ?

3- How many pints are there in one litre ?
Combien y-a-t-il de pintes dans un litre ?

4- Name the English temperature measure.
Cite l'unité de mesure anglaise de la température.

5- What is equal to 1609 metres ?
Qu'est-ce qui est égal à 1609 mètres ?

6- What is the English unit of weight ?
Quelle est l'unité de poids anglaise ?

wheat

[wiːt]
le blé

wheat is used to make bread
le blé est utilisé pour faire du pain

white

[waɪt]
blanc

John is painting a white bear
John peint un ours blanc

wind

[wɪnd]
vent

the wind can be violent
le vent peut être violent

a window

[ˈwɪndəʊ]
une fenêtre

Granny looks through the window
Mamie regarde par la fenêtre

a wing

[wɪŋ]
une aile

the eagle has big wings
l'aigle a de grandes ailes

winter

[ˈwɪntər]
hiver

it is cold in winter
il fait froid en hiver

1- **What is John painting ?**
Qu'est-ce que John peint ?

2- **Where does Granny look ?**
Où Mamie regarde-t-elle ?

3- **When is it cold ?**
Quand fait-il froid ?

4- **What is used to make bread ?**
Qu'est-ce qui est utilisé pour faire du pain ?

5- **What can be violent ?**
Qu'est-ce qui peut être violent ?

6- **What does the eagle have ?**
Qu'est-ce qu'a l'aigle ?

a b c d e f g h i j k l m n o p q r s t u v **w** x y z

a witch

[wɪtʃ]

une sorcière

a witch is a frightening character

une sorcière est un personnage effrayant

a wolf

[wʊlf]

un loup

shepherds don't like wolves

les bergers n'aiment pas les loups

a woman

[ˈwʊmən]

une femme

girls become women

les filles deviennent des femmes

wool

[wʊl]

laine

you need wool to knit a pullover

il faut de la laine pour tricoter un pullover

a wrinkle

[ˈrɪŋkl]

une ride

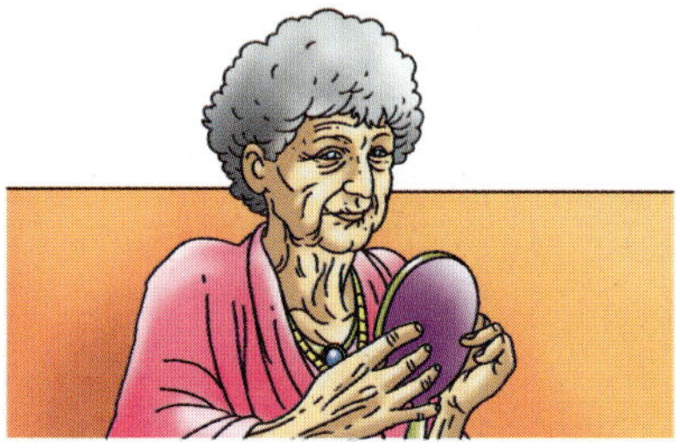

old people have many wrinkles

les personnes agées ont beaucoup de rides

a wrist

[rɪst]

un poignet

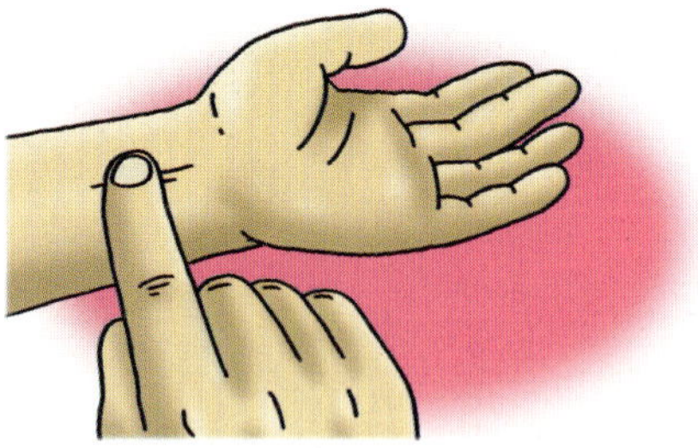

the wrist links the hand to the arm

le poignet relie la main au bras

1- What don't shepherds like ?
Qu'est-ce que les bergers n'aiment pas ?

2- What do you need to knit a pullover ?
Que faut-il pour tricoter un pullover ?

3- What links the hand to the arm ?
Qu'est-ce qui relie la main au bras ?

4- Who is a frightening character ?
Qui est un personnage effrayant ?

5- What do girls become ?
Que deviennent les filles ?

6- What do old people have ?
Qu'est-ce que les personnes agées ont ?

a xylophone
[ˈzaɪləfəʊn]
un xylophone

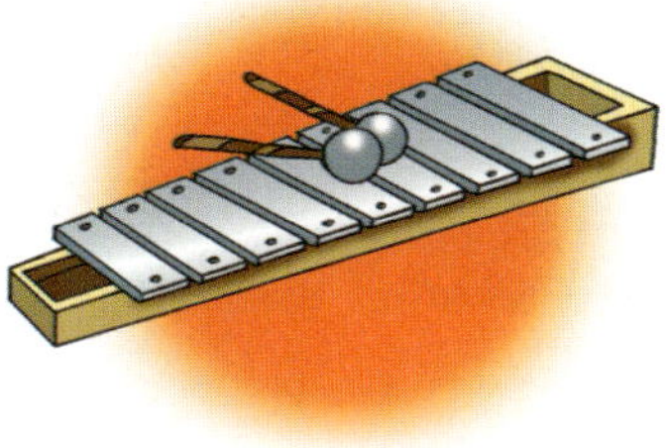

you can play music on a xylophone
on peut jouer de la musique sur un xylophone

a yacht
[jɒt]
un yacht

a yacht is a luxury boat
un yacht est un bâteau luxueux

a yak
[jæk]
un yak

yaks live in cold lands
les yaks vivent dans les régions froides

yellow
[ˈjəʊllɔv]
jaune

John is painting yellow chicks
John peint des poussins jaunes

yoga
[ˈjəʊgə]
yoga

Peter teaches yoga in the evening
Peter enseigne le yoga le soir

a yogurt
[ˈjɒgət]
un yaourt

yogurt is a milk product
le yaourt est un produit laitier

1- What is a luxury boat ?
Qu'est-ce qui est un bâteau luxueux ?

2- What is John painting ?
Qu'est-ce que John peint ?

3- What is a milk product ?
Qu'est-ce qui est un produit laitier ?

4- What can you play music on ?
Sur quoi peut-on jouer de la musique ?

5- Who lives in cold lands ?
Qu'est-ce qui vit dans les régions froides ?

6- What does Peter teach in the evening ?
Qu'est-ce que Peter enseigne le soir ?

a b c d e f g h i j k l m n o p q r s t u v w x y z

young

[jʌŋ]

jeune

Bob and his friends are young

Bob et ses amis sont jeunes

a yo-yo

[ˈjəʊjəʊ]

un yo-yo

a yo-yo goes up and down

un yo-yo monte et descend

a zebra

[ˈzebrə]

un zèbre

a zebra looks like a striped horse

un zèbre ressemble a un cheval rayé

a zebra crossing

[ziːbrəkrɒsɪŋ]

un passage clouté

you must use the zebra crossing

on doit utiliser les passages cloutés

zero

[ˈzɪərəʊ]

zéro

today it is cold, near 0°C

aujourd'hui il fait froid, presque 0°C

a zoo

[zuː]

un zoo

Paul often goes to the zoo

Paul va souvent au zoo

1- What goes up and down ?
Qu'est-ce qui monte et descend ?

2- What must you use ?
Qu'est-ce que l'on doit utiliser ?

3- What is the weather like today ?
Quel temps fait-il aujourd'hui ?

4- How are Bob and his friends ?
Comment sont Bob et ses amis ?

5- What looks like a striped horse ?
Qu'est-ce qui ressemble à un cheval rayé ?

6- Where does Paul often go ?
Où Paul va-t-il souvent ?

Index anglais-français

Index français-anglais

a

b

c

d

e

f

g

h

i

j